高校学生职业素养

范功利　姜　硕　刘佳莹　主　编

中国书籍出版社
China Book Press

图书在版编目(CIP)数据

高校学生职业素养/范功利,姜硕,刘佳莹主编.
北京:中国书籍出版社,2024.8.
--ISBN 978-7-5068-9982-6

Ⅰ.G647.38

中国国家版本馆 CIP 数据核字第 2024JW6368 号

高校学生职业素养

范功利 姜 硕 刘佳莹 主 编

策划编辑	成晓春
责任编辑	吴化强
封面设计	守正文化
责任印制	孙马飞 马 芝
出版发行	中国书籍出版社
地　　址	北京市丰台区三路居路 97 号(邮编:100073)
电　　话	(010)52257143(总编室)　(010)52257140(发行部)
电子邮箱	eo@chinabp.com.cn
经　　销	全国新华书店
印　　刷	北京市怀柔新兴福利印刷厂
开　　本	710 毫米×1000 毫米　1/16
字　　数	200 千字
印　　张	9.5
版　　次	2025 年 5 月第 1 版
印　　次	2025 年 5 月第 1 次印刷
书　　号	ISBN 978-7-5068-9982-6
定　　价	72.00 元

版权所有　翻印必究

前言

随着社会经济的发展和科技水平不断提高,高校学生职业素养在现阶段已经成了我国教育事业中不容忽视的重要问题。高校的职业教育和社会经济发展有着密切联系,是国家培养优秀人才,全面建成社会主义现代化强国所必需的基础性工作。因此,高校必须顺应时代发展的潮流,进一步强化对学生职业素质能力的培育,并找出学校在学生职业素质培育过程中出现的问题,这样才可以推动高校职业素质培育能力的提升,符合经济社会的发展要求。

本书主要围绕高校学生职业素养进行研究,内容包括高校学生职业素养概述、高校学生自我管理素养、高校学生职业意识素养、高校学生职业理想素养、高校学生职业决策素养、高校学生职业生涯目标。期望能够为相关教育工作者及学生提供理论基础,使学生能够全面发展,提升自身素质。

本书编写过程中借鉴和参考了一些就业指导和其他学科书籍的内容,并吸取了其中许多精粹,谨向原作者表示衷心的感谢。

由于作者水平有限,书中难免存在不当甚至错误之处,敬请专家及广大读者批评指正。

目 录

第一章　高校学生职业素养概述 ·· 1
　第一节　高校学生职业素养及其构成 ·· 1
　第二节　高校学生职业素养的要求与现状 ··································· 8
　第三节　努力提高职业素养 ·· 12

第二章　高校学生自我管理素养 ·· 16
　第一节　学会自律 ·· 16
　第二节　学会时间管理 ·· 19
　第三节　学会精力管理 ·· 23
　第四节　学会提升精力 ·· 30

第三章　高校学生职业意识素养 ·· 33
　第一节　职业意识概述 ·· 33
　第二节　责任意识 ·· 39
　第三节　质量意识 ·· 42
　第四节　敬业成就事业 ·· 45

第四章　高校学生职业理想素养 ·· 51
　第一节　理想与职业 ·· 51
　第二节　职业概述 ·· 58
　第三节　认识自我 ·· 65
　第四节　责任与未来 ·· 73

第五章　高校学生职业决策素养 ·········· 84
第一节　职业生涯决策概述 ·········· 84
第二节　职业生涯决策行动 ·········· 93

第六章　高校学生职业生涯目标 ·········· 112
第一节　职业生涯目标概述 ·········· 112
第二节　职业生涯目标的确定 ·········· 120
第三节　职业生涯目标的实现 ·········· 131

参考文献 ·········· 145

第一章

高校学生职业素养概述

第一节 高校学生职业素养及其构成

近年来,大学毕业生的就业已经成为比较重要的社会问题。一方面,大学毕业生就业压力日益增加,苦于找寻不到中意的落脚点;另一方面,很多企业等用人单位频繁流连于各类招聘市场,苦于找不到中意的所需人才。诸多事实表明,大学就业中存在的以上现象与学生的职业素养难以满足企业的要求有关。"满足社会需要"是高等教育的目的之一。既然社会需要具有较高职业素养的毕业生,那么,高校教育应该把培养高校学生的职业素养作为其重要目标之一。

一、职业素养的内涵

(一)何谓职业素养

在职场中,有的人工作得很激情、很快乐,有的人虽经历丰富、专业能力强,但求职不顺;有的人工作很多年,却还是找不到前进的方向;有的人对工作总是没有成就感,从而厌倦工作;有的人总是缺少职业竞争力;有的人总是陷入人际关系的危机中等。

引起这些现象的原因很多,如果用一个词来概括的话,那就是因为"职业素养"的不同。《一生成就看职商》的作者吴甘霖回首自己从职场惨败者到走上成功之路的过程,再总结比尔·盖茨、李嘉诚、牛根生等成功人士的人生经验,并进一步分析所看到的众多职场人士的成功与失败,得到了一个宝贵的理念:一个人,能力和专业知识固然重要,但是,在职场要想获得成功,最关键的并不在于他的能力与专业知识,而在于他所具有的职业素养。即一个人在职场中能否成功取决于其"职商"。工作中需要知识,但更需要智慧,而最终起到关键作用的却是素养。

职业素养是指职业内在的规范和要求,是在就业过程中表现出来的综合品质,包含职业道德、职业技能、职业行为、职业作风和职业意识等方面。简而言之,职业素养是职业人在所从事的职业中尽自己最大的能力把工作做好的素质和能力,它不是以这件事做了会对个人带来什么利益或造成什么影响为衡量的标准,而是以这件事与工作目标的关系为衡量的标准。更多时候,良好的职业素养应该是衡量一个职业人成熟度的重要指标。

一般来说,一个人能否顺利就业并取得成就,在很大程度上取决于其职业素养的高低。职业素养越高的人,获得成功的机会就越多。从高校学生的角度来看,职业素养是实现就业并胜任工作岗位的基本前提,是职场制胜、事业成功的第一法宝;从用人单位的角度来看,职业素养是选聘人才首要考虑的因素。

影响和制约高校学生职业素养的因素很多,主要包括:受教育程度、实践经验、社会环境、工作经历以及自身的一些基本情况(如身体状况等)。高校学生职业素养是个很宽泛的概念,专业是第一位的,但是除了专业,敬业和道德是必备的,体现在职场上的就是高校学生职业素养;体现在生活中的就是个人素养或者道德修养。

(二)职业素养的特征

职业素养具有以下五个特征。

1. 职业性

不同的职业,其职业素养要求不同。对建筑工人的素养要求,不同于对护士职业的素养要求;对商业服务人员的素养要求,不同于对教师职业的素养要求。

2. 稳定性

一个人的职业素养是在长期执业过程中日积月累形成的。它一旦形成,便产生相对的稳定性。比如,一位教师,经过三年五载的教学生涯,就逐渐形成了怎样备课、怎样讲课、怎样热爱自己的学生、怎样为人师表等一系列教师职业素养,于是,便保持相对的稳定性。当然,随着他继续学习、工作和环境的影响,这种素养还可继续提高。

3. 内在性

从业人员在长期的职业活动中,经过自我反省、学习和亲身体验,认识到怎样做是对的、怎样做是不对的。这样,有意识地内化、积淀和升华的这一心理品质,就是职业素养的内在性。

4. 整体性

从业人员职业素养的好坏和他的整体素养有关。一个人的职业素养好,不仅指他的思想政治素养、职业道德素养,而且还包括他的科学文化素养、专业技能素养,甚至还包括身体、心理素养。一个从业人员,虽然思想道德素养好,但科学文化素养、专业技能素养差,就不能说这个人整体素养好;反之亦然,一个从业人员科学文化素养、专业技能素养都不错,但思想道德素养比较差,同样,也不能说这个人整体素养好。所以,职业素养一个很重要的特点就是整体性。

5. 发展性

一个人的素养是通过教育、社会实践和社会影响逐步形成的,它具有相对性和稳定性。但是,随着社会发展不断对人们提出的要求,人们为了更好地适应、满足社会发展的需要,总是不断地提高自己的素养,所以,素养具有发展性。

二、高校学生职业素养的理论与构成

(一)职业素养理论

1. "素质冰山"理论

"素质冰山"理论认为,个体的素质就像水中漂浮的一座"冰山",水上部分的知识、技能仅仅代表表层的特征,不能区分绩效优劣;水下部分的动机、特质、态度、责任心才是决定人的行为的关键因素,能够鉴别绩效优秀者和一般者。

高校学生的职业素养可以看成一座冰山:冰山浮在水面以上的只有1/8,它代表高校学生的形象、资质、知识、职业行为和职业技能等方面,是人们看得见的、显性的职业素养,这些可以通过各种学历证书、职业证书来证明,或者通过专业考试来验证。而冰山隐藏在水面以下占整体7/8的部分,则代表高校学生的职业意识、职业道德、职业作风和职业态度等方面,是人们看不见的、隐性的职业素养。显性职业素养和隐性职业素养共同构成了高校学生所应具备的全部职业素养。由此可见,大部分的职业素养是人们看不见的,但正是这7/8的隐性职业素养决定、支撑着外在的显性职业素养。因此,高校学生职业素养的培养应该着眼于整座"冰山",并以培养显性职业素养为基础、培养隐性职业素养为重点。

大部分企业和个人都非常重视显性职业素养培训,诸如职业技能培训等,好像这些培训的效果能够立竿见影地凸显出来。他们往往忽视了隐性职业素养的培训,忽视职业意识、职业道德和职业态度方面的培训,因此也就很难从根本上提升企业和个人的核心竞争力。全方位职业素养培养就是要"破冰",要将高校学生头脑中潜藏的意识和态度挖掘出来,将"冰山"水面上和水面下的部分完全协同起来,更大程度地发挥7/8水下部分的核心作用。只有重视高校学生隐性职业素养的培训,才能够最大限度地提高高校学生显性素养培养的效果。

2. "大树"理论

"大树"理论认为,职业素养中的职业道德、职业意识、职业行为习惯是一棵树的根系,而职业技能是枝、干、叶,一棵树要想枝繁叶茂首先就要有发达的根系。职业技能,通过学习、培训,在实践中比较容易获得。虽然职业技能对个人、对企业而言很重要,但企业更看重的是员工的职业素养,只有职业素养好的员工才有发展潜力,才能为企业的发展提供源源不断的动力。

(二)高校学生职业素养的构成

根据我国职业教育的培养目标,职业素养可包括以下十个方面的重要内容。

1.职业道德

职业道德是职业人在一定的社会职业活动中遵循的、具有自身职业特征的道德准则和规范,并在个人从业的思想和行为中表现出来的比较稳定的特征和倾向。职业道德的基本规范是爱岗敬业、诚实守信、处事公道、服务民众、奉献社会;职业道德的基本素养包括遵纪守法、严谨自律、诚实厚道、勤业敬业、团结协作、任劳任怨、开拓创新。职业道德的养成,唯有在职业道德的训练和实践中才能得以实现,所以同学们应积极参与社会实践,到实践中去感受、体会和领悟职业道德。

2.职业形象

职业形象泛指职业人外在、内在的综合表现和反映。外在的职业形象指职业人的相貌、穿着、打扮、谈吐等他人能够看到、听到的东西;内在的职业形象指职业人所表现出来的学识、风度、气质、魅力等他人看不到却能通过活动感受到的东西。职业形象与个人的职业发展紧密相连,在人的求职、社交活动中起关键作用,良好的职业形象对职业成功具有比较重要的意义。

3.职业态度

职业态度是个人对职业生涯的设想及其有关问题的基本看法。它包括职业生涯设计、对正在从业或即将从业的职业看法等。对高校学生而言,学校给予的知识和技能是有限的,而以知识经济为特征的当代社会对学生综合素质的要求却是无限的。以有限的知识能力去满足无限的社会要求,其中可能产生的契机和途径是对学生职业态度养成的最好教育,好高骛远是行不通的。

4.职业技能

职业技能是人们运用理论知识和实践经验完成具体工作任务的活动

方式。高校学生掌握职业技能,不仅需要老师传授知识,更主要的是需要通过一定的实践操作和训练,掌握一定的职业技能,这是走向职场的基本条件。

5. 表达沟通

表达沟通能力就是通过听、说、读、写等思维载体,利用演讲、会见、对话、讨论、信件等方式将个人的思想、观点、意见或建议用语言或文字准确、恰当地表达出来,促使对方接受自己的能力。表达能力包括语言表达能力和文字表达能力,这是高校学生必须具备的基本能力。能够用准确、流畅的语言讲述事实、表达观点;能够撰写计划、总结、调查报告、公函等文书,这是用人单位对高校学生表达能力的基本要求。

沟通就是信息的传递和理解,沟通技能包括听、说、读、写多种技能。沟通的形式多种多样,最主要的方式是语言沟通,包括口头的和书面的。除了语言之外,非语言方式也是沟通的重要组成部分。非语言沟通也被称为身体语言,包括衣着、表情、神态、姿势、动作等。能够准确、高效地将信息传递给信息的接收方,并能正确理解对方的信息,这是高校学生就业必须具备的能力要求。良好的沟通能力是高校学生在职场中通向成功的重要条件。

6. 团队合作

团队合作能力是一种为达到既定目标,在团队中所显现出来的自愿合作和共同努力的能力,是个人在工作中与同事和谐共事的能力,是在实际工作中充分理解团队目标、组织结构、个人职责,并在此基础上与他人相互协调配合、互相帮助的能力。它包括个人善于与团队其他人沟通协调,能扮演适当角色,勇于承担责任,乐于助人,保持团队的融洽,等等。

目前,越来越多的企业意识到团队合作精神的重要性,特别是经营规模宏大的知名企业往往更加重视员工的团队意识和合作精神。团队中的每个成员,都必须学会服从,担负起自己的责任,这是构建团队精神的基石。团队合作精神也是高校学生必须具备的就业条件之一。

7. 人际交往

人际交往是指人们为了相互传递信息、交换意见、表达情感和需要等目的，运用语言、行为等方式而进行的人际联系和人际接触的过程，即通常所说的人际关系。人际交往能力指的是向他人传递思想感情与信息的能力。对于正在学习、成长中的高校学生来说，良好的人际交往能力不仅是高校学生生活的需要，更是将来适应社会的需要。对于一个组织来说，良好的人际交往能力有助于营造良好的组织氛围，而良好的组织氛围可以促进组织成员之间的沟通与交流，可以促进组织内部与组织外部成员之间形成良好的人际关系，扩大组织与社会的联系面，掌握更多的社会资源，进而有助于组织目标的顺利实现。因此，在其他条件相同的情况下，用人单位往往更愿意接收和使用人际交往能力强的人。

8. 解决问题

解决问题就是通过发现问题，对问题进行分析，最后运用一定的方法和技能化解矛盾，实现工作的目标。解决问题包括辨识问题和采取措施解决问题。该技能可用于寻求方法解决工作、学习和生活中的问题，运用不同的方法寻求解决方案，确定方法的有效性。

在解决问题的能力中，分析判断能力十分重要。分析判断就是为实现一定的目标或解决一定的问题而制订行动方案并优化选择的过程。一个独立处理问题的过程其实就是一个决策的过程，因此，分析判断能力也就是独立处理问题的能力。对于一个特定的问题，分析判断一般包括以下环节。

(1)分析问题——分析问题的性质和特点。

(2)确定目标——确定最后希望达到的效果。

(3)拟订方案——同一目标的实现往往不止一种方案，通过对不同途径和步骤的排列与组合，拟订数套行动方案备选。

(4)评估方案——对备选行动方案的可行性、后果进行综合分析与比较，权衡每一个方案的利弊得失。

(5)选择方案——从备选的行动方案中选定最后的行动方案。

了解了分析判断问题的流程后,高校学生就可以有针对性地规范和完善分析判断问题的各个环节,从而提高自己分析判断问题的能力。

9. 学习和创新

学习能力是人们在学习、工作及日常生活中必须具备的能力之一。现代社会对人的学习能力的要求越来越高,应届大学毕业生基本上都要经过系统培训才能具备直接进行业务操作的能力。因此,是否具备良好的学习能力和强烈的求知欲望是用人单位十分重视的,往往也是应聘时用人单位要重点考察的内容之一。

创新能力是人们除旧布新、创造新事物的能力,包括发现问题、分析问题和解决问题以及在解决问题过程中进一步发现新问题,从而不断推动事物发展变化的能力。创新能力最基本的构成要素是创新激情、创新思维和科技素质。创新激情决定着创新的产生,创新思维决定着创新的成果和水平,科技素质则是创新的基础。

10. 管理

组织管理是指成功地运用管理者的知识和能力影响机构的活动,并达到最佳的工作目标。组织管理能力是一种对人心的把握与引导的能力,组织管理能力强的人往往在工作上有主动性,对他人有影响力,有发展潜力,有培养价值。

第二节 高校学生职业素养的要求与现状

一、社会及用人单位对学生职业素养的要求

很多企业感叹"招不到合适的人选",实际上是很多企业找不到具备良好职业素养的毕业生。可见,企业已经把职业素养作为对员工进行评价的重要指标。如成都大翰咨询公司在招聘新人时,就要综合考察毕业生的五个方面:专业素质、职业素养、协作能力、心理素质和身体素质。其中,身体素质是最基本的,好身体是工作的物质基础;职业素养、协作能力

和心理素质是最重要和必需的；而专业素质则是锦上添花。职业素养可以通过个体在工作中的行为来表现，而这些行为以个体的知识、技能、价值观、态度、意志等为基础。

企业的期望如下。

1. 经济界认为，在员工的核心素质中最重要的是个人的个性和态度。

2. 大部分的企业认为强烈的进取心是最重要的个人性格特征。

3. 一半以上的企业认为学习的潜力、联系思维和解决问题的能力是很重要的。

4. 负重能力、独立工作能力以及决断力也都属于经济界工作所需要的个人性格特点。

5. 专业以外的知识。这里主要是指未来的管理人员应具备运用适当的方法，在工作中确定正确的重点，以及迅速并以目标为导向的工作能力。

6. 在企业家的眼中，不管求职者是什么专业出身，电子数据处理的知识是无论如何不可缺少的。60%～75%的企业家认为高校学生熟练掌握计算机是十分重要的。

7. 管理和组织项目的能力排在第二位，然后是时间管理、工作技术以及外语方面的专业知识。

8. 超出所学专业的知识，如技术人员应该掌握经济的基本知识。

二、高校学生职业素养的现状及原因

(一)高校学生职业素养的现状

随着企业竞争的加剧，员工的职业化逐渐成为企业在全球化竞争中制胜的关键因素，企业也越来越注重提高员工的职业道德和职业素养。

在激烈的市场竞争中，企业管理者将人才视为企业可持续发展中不可或缺的核心资源，许多企业竞相从高校中选拔优秀的应届毕业生作为人才储备。然而，应届毕业生在工作中的表现却常令管理者头痛。大学重视理论教育,培养出来的毕业生普遍自我价值认知很高,认为自己应该从事企业的中、高层管理工作。而实际上,由于毕业生缺乏实际操作技能,只能从基层做起。在十几年的学习生涯中,他们所做的一切努力都是为了达到自己考上一所好的学校或是拿一个好的成绩等个人目标。进入企业后,这种个人导向的行为习惯与企业追求的团队协作要求格格不入,所以他们常常因为和周边的同事产生冲突而受到排挤。在企业中的"不得志"使得很多刚进企业不久的高校学生纷纷离职。如何打破这种"双输"的局面,一些知名的大企业给出了答案,他们通过系统的培训将应届高校学生培养成"企业人""职业人""专业人",将应届生的流失率降低。而职业化素养培训对于把应届生培养成"企业人"和"职业人"起到了很大的作用。

(二)影响高校学生职业素养的原因

目前,高校的职业素养教育普遍整体滞后,专业培养目标不能有效适应市场需求,主要表现在以下几个方面。

1. 认知不足

目前,许多高校对职业素养认知不足,阻滞了职业素养教育的开展。有些高校,平时很少提到职业素养教育,甚至许多教师还不知道什么是职业素养教育,与自己有无直接的关系等。学生不知道自己的专业学习目标,只是在临近毕业时才开始为就业而了解职业,缺乏起码的职业意识、责任意识,更谈不上具备较高的职业素养。这就是许多企业明确表示不招聘应届毕业生的真正原因。即便在不少的高职院校,职业素养教育从认知到贯彻都不够到位,往往仅满足于实际操作的"工具"型培养,侧重技术和经验,相比之下,在职业道德和职业心理素质方面缺乏应有的重视。

2. 重理论轻实践

目前,许多高等院校在具体的人才培养实施过程中,重理论轻实践的现象没有从根本上得到改变,采用的仍然是纯课本授课,不能根据学生的认知特点来培养学生的能力,偏重对概念和理论知识的讲解,内容陈旧,没有把目前生产、生活领域中出现的各类实际问题用所学的理论知识加以介绍、解释，使该学科失去了鲜活的生命力。许多教师缺乏相关专业的工作经历，没有切实的实践体验，授课针对性不强，只是"纸上谈兵"，无法较好地做到理论联系实际，不能很好地运用书本知识去分析社会中的实际问题，也不能用一些模式去评估现行的方针政策，所以学生普遍缺乏分析问题和解决问题的实际能力。

3. 课程设置不合理

目前，高等院校普遍没有打破传统的教学模式，仍存在着重智能和技能的传授，轻学习动机的激励；重学习材料的记忆，轻认知方式的培养；重书本知识、实训技能的考核和评价，轻日常行为规范、健全人格的评定；重教学内容选择，轻学习进取心、自信心、责任心的培养；重理性训练，轻和谐发展等等。在课程设置上，就业指导课常常由日常事务繁杂的学生管理人员兼职并且课时不足，较少开设职业规划、职业道德和职业心理学等课程，学生普遍缺乏相关的职业道德和职业心理素质知识，不知道"为什么而学""到底应学什么""怎么去学"之类的问题。没有使他们从思想深处真正认识到职业素养是未来职业的需要、民族振兴的需要、国家发展的需要、客观形势的需要。显然，这些现象都有悖于职业素养教育的宗旨，不利于职业激情与品格的培养。

4. 考评方式不合理

不少高校学生在显性素养方面表现还可以，但在隐性素养方面由于没有得到过有效的培训考核，所以比较欠缺。目前，在学生成绩的考评方式上，许多高等院校仍然采用的是期末考试"一锤定音"，即一张试卷判定成绩的考核方法。由于老师出题的任意性和随机性很大，这种考核方式缺乏整体性、全面性和客观性，不能准确地反映学生掌握知识的情况，更不能正确地反映学生职业素养教育的情况。如果做好一张试卷就可以高枕无忧；如果失败，一学期的努力就会"付诸东流"。而且，这种考核方式还容易助长学生平时懒散、考前突击、死记硬背甚至作弊等不良倾向，不利于学生职业素养的培养和提升。

第三节　努力提高职业素养

一、高校学生提高职业素养的意义

每个人不管是在哪个机关单位、哪个企业、哪个岗位上，不管工作内容有多大的差别，均有其对职业素养的要求。很多人忽视了职业素养的提升，结果在工作中遭遇失败。

高校学生职业素养就是工作状态的标准化、规范化、制度化，即在合适的时间、合适的地点用合适的方式说合适的话、做合适的事，使知识、技能、观念、思维、态度、心理等符合职业规范和标准。高校学生职业素养的作用体现在，工作价值等于个人能力和职业素养程度的乘积，即：工作价值＝个人能力×职业素养程度。如果一个人有 100 分的能力，而职业素养的程度只有 50％，那么其工作价值显然只发挥了一半。

提高职业素养对高校学生来说具有十分重要的意义。从个人的角度来看，适者生存，个人缺乏良好的职业素养，就很难取得突出的工作业绩，更谈不上建功立业；从企业的角度来看，唯有集中具备较高职业素养的人员才能实现求得生存与发展的目的，他们可以帮助企业节省成本，提高效率，从而提高企业在市场的竞争力；从国家的角度看，国民职业素养的高低直接影响着国家经济的发展，是社会稳定的前提。正因如此，职业素养教育才显得尤为重要。

可以说，高校学生具备较高的职业素养是 21 世纪职场生存法则，是提升个人与组织核心竞争力的关键。高校学生职业素养是成功的代名词，也是职场人士最强的竞争力，是生存的硬道理。拥有高校学生职业素养，能让学生在激烈竞争的职场中脱颖而出。

大学时期是一个人进入社会扮演职业角色前的最后一个时期，而职业素养就是对任何职业人做出的基本行为的规范要求。如果高校学生在进入职业角色之前，还不了解自己行为规范的要求，可以想象，高校学生是很难扮演好"职业人"这一角色的。

二、高校学生提高职业素养的途径

作为高校学生,在大学期间应该学会自我培养职业素养。

(一)培养职业意识

雷恩·吉尔森说:"一个人花在影响自己未来命运的工作选择上的精力,竟比花在购买穿了一年就会扔掉的衣服上的心思要少得多,这是一件多么奇怪的事情,尤其是当他未来的幸福和富足要全部依赖于这份工作时。"很多高中毕业生在跨进大学校门之时就认为自己已经完成了学习任务,这正是他们在就业时感到压力的根源。许多高校学生对未来的职业没有规划,就业时容易感到有压力。中国社会调查所最近完成的一项关于在校高校学生心理健康状况的调查显示,大部分高校学生认为压力主要来源于社会就业;一些高校学生对于自己毕业后的发展前途感到迷茫,没有目标;还有一些高校学生表示目前没考虑太多;只有少数人对自己的未来有明确的目标,并且充满信心。培养职业意识就是要对自己的未来有规划。因此,大学期间,每个高校学生应明确:我是一个什么样的人?我将来想做什么?我能做什么?环境能支持我做什么?着重解决这些问题,就要认识自己的个性特征,包括自己的气质、性格和能力,以及自己的个性倾向,如兴趣、动机、需要、价值观等,据此来确定自己的个性是否与理想的职业相符,对自己的优势和不足有一个比较客观的认识,结合环境如市场需要、社会资源等确定自己的发展方向和行业选择范围,明确职业发展目标。

在大学教育中,实践教学是学生了解职业、了解自己与职业的适合度的最直接、最有效的途径。同学们可以通过暑期社会实践、校内实训实习活动,在职业环境中,了解自己的职业前景,体会自己是否适合这一职业以及本职业的日常行为规范和职业技能要求,增强对职业的认同与热爱,完善自我,挖掘潜能,通过实训体验,自行调整,形成正确的职业意识。

(二)加强知识学习与技能培训

职业行为和职业技能等显性职业素养比较容易通过教育和培训获得。学校的教学及各专业的培养方案是针对社会需要和专业需要所制订的。旨在使学生获得系统化的基础知识及专业知识,加强学生对专业的认知和知识的运用,并使学生获得学习能力、培养学习习惯。因此,高校学生应该积极配合学校的培养计划,认真完成学习任务,尽可能利用学校的教育资源获得知识和技能,并将其用作将来职业需要的储备。

职业技能是人们掌握和运用专门技术的能力,也是职业人奉献社会、服务群众的生存之本。高校学生已具备较强的学习能力,学习阶段是同学们一生中增长技能、积蓄能量的重要时期。同学们必须获得专业知识,考取各类证书;必须拥有人际交往能力、竞争能力、合作能力。高校学生必须放弃被动的学习方式,主动采用自主性、研究性、创造性学习方法。课堂上认真学习老师讲授的各类知识,全面掌握专业理论知识和各种社会技能。在模拟的职业环境中获得与现实的实际操作相同的体验,逐步掌握职业岗位必需的基本技能,培养分析问题、解决问题的能力。

(三)在"两课"学习活动中培养职业道德

道德教育是人生的第一道防线,无任何强制性,靠自我管理、自我约束。学生在"两课"学习中必须把良好道德品质的养成放在首位,形成"说老实话、办老实事、做老实人"的好习惯,自觉遵守道德法则。

纪律教育是人生的第二道防线,具有一定的强制性。党纪、政纪、校规、家规都是用来规范人们行为的。学生要在自我管理、自我教育中自觉遵守学生守则,遵守校规校纪,做遵纪守法的进步青年。

法制教育是人生的最后一道防线,具有强制性。在学习中知法、懂法、守法、不违法。同时通过社会实践活动自觉培养爱岗敬业、奉献社会、服务群众等良好职业道德。

(四)在平时的学习活动中塑造职业形象

1.无论是在校上课学习,还是外出活动,均宜选择简洁大方的发型,不染彩发,不戴首饰;穿着服装既注重色彩的和谐搭配,又注意款式的文雅端庄;面部表情不可僵硬,手势动作要优雅大方。

2.主动练习标准的待客、微笑与正确的目光交流方式;在体态方面,自主训练站、坐、走、蹲的正确姿势,以及上下楼梯、进出电梯、上下轿车、引领客人的标准动作。在日常交往和对外活动中,有意训练握手、介绍、致意、名片、鼓掌等规范的礼仪动作。

3.树立正确的人生观、价值观,立足岗位,勤勤恳恳;自觉阅读中外名著、名人传记、警世格言,在知识的海洋里遨游,陶冶情操、内外兼修。

(五)在活动中培养良好的沟通能力

人的能力往往体现在沟通上,因此,高校学生必须进行科学训练,自我培养积极良好的沟通能力。

训练语言表达能力。自主创设谈话情景,多用敬语等礼貌用语,锻炼口语表达能力。

培养体态表达能力。体态是人的"第二语言",其中表情、手势、动作、姿势等功能各不相同,能发挥替代语言表达的作用。学生在集体文艺活动中,可自主训练,以恰当的手势、优雅的举止、标准的动作、协调的姿势,有效表达内在的思想和气质。

(六)在社团活动中培养团队协作精神

1.强化团队精神

把团队精神作为学生品德素质培养的重要目标。在现有的课程体系中,注入与团队精神相关的教学内容;通过集体活动促进成员间的沟通,自主培养团队情感,增强团队凝聚力。

2.内化团队精神

团队精神的内化过程是一种体验、熏染、陶冶、养成的过程。精心组织以增强团队精神为目标的各种集体活动。在各类文体活动中,自我组织、分工合作、共同协调、尽情体验、感受竞争与合作的关系、个人与集体的关系。

第二章

高校学生自我管理素养

第一节 学会自律

一、学会自律的原因

我们每个人都是"凡人",每个人都有自己的烦恼。而自律,是解决问题的一个重要环节,缺少这一环节,烦恼只会一直跟随着我们。局部的自律只能解决局部的问题,完整的自律才能解决所有的问题。

从某种程度上说,人人都害怕承受痛苦,遇到问题就"慌不择路",望风而逃。有的人不断拖延时间,等待问题自行消失;有的人对问题视而不见,或尽量忘记它们的存在。但这些是不正确的,比起逃避,更要让自己认识到,人生的问题和痛苦具有非凡的价值。勇于承担责任,敢于面对困难,才能够使心灵变得健康。自律,是解决人生问题的首要办法,也是消除人生痛苦的重要手段。通过自律,我们就知道在面对问题时,如何以坚毅、果敢的态度,从学习与成长中获得益处。自律是人类心灵进化的重要手段。

二、自律的四个方面

(一)推迟满足感

推迟满足感,意味着不贪图暂时的安逸,重新设置人生快乐与痛苦的次序:首先,面对问题并感受痛苦;然后,解决问题并享受更大的快乐,这是唯一可行的生活方式。

其实,早在小时候,人们就可以学会自律的原则,避免只图眼前安逸带来的不利。例如在幼儿园里,有的游戏需要孩子们轮流参与,如果孩子多些耐心,暂且让同伴先玩游戏,而自己等到最后,就可以享受到更多的乐趣,他可以在无人催促的情况下,玩到尽兴方休。或者孩子吃蛋糕时不把奶油一口气吃完,或者先吃蛋糕,后吃奶油,就可以享受到更甜美的滋味。小学的孩子正确对待家庭作业,是实践"推迟满足感"的最佳手段。孩子满12岁时,无须父母催促,首先做完功课,再去看电视。到了十五六岁以后,他们的实践更可以得心应手。到了青春期,他们处理类似问题,应该形成一种习惯或常态。

(二)承担责任

不能及时解决人生的难题,它们就会像山一样横亘在我们眼前。很多人显然忽略了其中的道理。我们必须面对属于自己的问题,这是解决问题的基本前提。唯恐避之不及,认为"这不是我的问题",显然一点好处也没有;指望别人解决,也不是聪明的做法。唯一的办法就是应该勇敢地说:"这是我的问题,还是由我来解决!"

面对问题要挺身而出,不然问题会永远存在。正如埃尔德里奇·克里佛所言:"你不能解决问题,你就会成为问题。"

(三)尊重事实

尊重事实,是自律的第三种原则。尊重事实,意味着如实看待现实,杜绝虚假。我们对现实的观念就像是一张"地图",凭借这张"地图",我们同人生的地形、地貌不断协调和谈判。"地图"准确无误,我们就能确定自己的位置,知道要到什么地方,怎样到达那里;"地图"漏洞百出,我们就会迷失方向。

道理很明显,但多数人仍然漠视事实。通向事实的道路并不平坦,我们出生时,并不是带着"地图"来到世界的。为在人生旅途上顺利行进,我们需要绘制"地图",为此显然要付出努力。我们的努力越大,对事实的认识越清楚,"地图"的准确性就越高。相当多的人却对认识事实缺乏兴趣。有的人过了青春期,就放弃了绘制"地图"。他们原有的"地图"窄小、模糊、粗略,对世界的认识狭隘而偏激。大多数人过了中年,就自认为"地图"完美无缺,世界观没有任何瑕疵,甚至自以为神圣不可侵犯,对于新的信息和资讯,他们也没有多少兴趣,似已疲惫不堪。只有极少数幸运者能继续努力,这些人不停地探索、扩大和更新自己对于世界的认识,直到生命终结。

(四)保持平衡

自律,是艰苦而复杂的工作,需要拥有足够的勇气和判断力。你以追求诚实为己任,也需要保留部分事实和真相。你既要承担责任,也要拒绝不该承担的责任。为使人生规范、高效、务实,必须学会推迟满足感,要把眼光放远;还要尽可能过好眼下的生活,要通过适当的努力,让人生的快乐多于痛苦。换句话说,自律本身仍需要特殊的"约束",被称为"保持平衡",这也是自律的第四种原则。

保持平衡,意味着确立富有弹性的约束机制。要使心智成熟,就应在彼此冲突的需要、目标、责任之间,取得微妙的平衡,这就要求我们利用机遇,不断自我调整。保持平衡的最高原则就是"放弃"。

相当多的人都没有选择放弃,他们不想经受放弃的痛苦。的确,放弃可能带来不小的痛苦。需要放弃的部分,有着不同的规模和形态。放弃固有的人格、放弃根深蒂固的行为模式或意识形态甚至整个人生理念,其痛苦之大可想而知。一个人要想有所作为,在人生旅途上不断迈进,或早或晚,都要经历需要放弃的重大时刻。

三、自律的源动力

自律的力量来自爱,而爱的本质是一种意愿。自律,是将爱转化为实际行动的过程,所有的爱都离不开自律。真正懂得爱的人,必然懂得自我约束,以此促进对方心智的成熟。

而要实现真正的爱,必须付出切实的努力。坚持实现自我完善,是爱的基本前提,这就如同我们必须坚持多走一步路,才可以逐步对抗与生俱来的惰性,抵御因恐惧而产生的排斥心理。

第二节 学会时间管理

在人的一生中真正可用于工作或学习的时间并不很多,如果不善加利用,时间最易损失、最易流逝。

时间管理是指在同样的时间消耗下为提高时间的利用率和有效性而开展的一系列的控制工作。从广义范围来看,时间管理不仅包括一些具体的技能,还包括现代的时间观念。从狭义上来说,时间管理包括自我管理目标设定,在规定的期限内自我计划、组织、控制、实施、反馈、修正等一些具体技能。时间具有不可变性、无贮存性、无替代性,但可以对其进行有效的管理与利用。科学合理地利用时间是现代人社会性格的一个重要标志。高校学生的时间管理是指高校学生为了充分、有效地利用大学时间掌握更多的知识、技能以及培养良好的素质,对时间进行的计划、控制等一系列活动。时间的管理技能是每一位高校学生应该掌握并运用好的、最基本的自我管理技能,是合理、有效地运用大学时间资源的有力保障。

一、ABCDE 时间管理法

ABCDE 时间管理法的操作方法非常简单,这个办法要求你在开始工作前预想每日的活动清单,然后给每件事情标上 A、B、C、D、E 的字样,工作时按照清单上的分类,依序实施规划。其中,A、B、C、D、E 所代表的意义如下。

(一)A 类

A 类代表必须完成的事项,这类事项至关重要,如果不完成将会造成严重影响。因此,无论什么时候,你都应该先做这类事情。例如老师要求第二天上课时上交一篇论文,而该论文占期末成绩的70%。A类事项一般具备以下四个特性:①关键性,是指这项工作对全局的影响程度;②重要性,是指这项工作的完成对实现计划和目标的贡献程度;③迫切性,是指这项工作在时间上刻不容缓;④有效性,是指这项工作是否具备促进或限制工作效果的因素。

如果有很多A类事项,可以依重要性、迫切性的程度标记A-1、A-2、A-3…同时养成习惯,开始工作时,A-1事项具有最高级别,应率先完成该任务。

(二)B类

B类代表应该完成的事项,但如果没有完成,后果并不会太严重。比如给老同学打电话、接收电子邮件等。原则上如果还有A类事项未解决,就不应该处理B类事务。

(三)C类

C类代表不会对目标的实现有什么影响的事,比如看报纸、出去逛街、与同学一起吃饭、喝咖啡等。这类事项做或是不做,都不会有任何不好的后果。在这里有一条原则:如果有A类事项要做,那么就不要做B类;如果还有B类事情要做,就不要做C类。确保一天之中,你关注的重点始终都应该是A类事项。

(四)D类

D类指可以委派给他人的任务。例如,在组织大型活动时,会务资料的排版可以交给文印店。原则上,凡是可以交给别人做的工作,必须想办法用授权或外包的方式交给别人来完成,这样你就可以把时间更多地花在A类事项上。

(五)E类

E类指无关紧要的小事情,做或不做根本没有差别。由于无关紧要或没有意义,这部分没有价值或价值较低的任务可以尽快把它取消,以免浪费时间。

成功应用 ABCDE 时间管理法的关键,是必须严格自律,每天将工作清单根据上述分类法清楚表示,接着按 A、B、C、D、E 的顺序开始做起,一次只专心做一件事。养成这个好习惯,会使每天的工作生活变得有组织、有秩序,在更短的时间内达成更多的目标。

二、合理利用时间

在大学校园里,经常会看到两种极端现象:一种是行色匆匆,这些同学既要完成学业,又要复习准备各种考证,还要参加各类活动,整天像陀螺一般旋转着,始终觉得时间不够用;另一种恰恰相反,这些同学不知道如何利用自己的闲暇时间,沉溺于偶像剧或者网络游戏,虽然知道这样不好却无法控制自我。当然,也有一些学生,大学过得很充实,学习、工作样样不误,时间管理得井然有序。其实,每个人内心都希望自己会安排好自己的事,做到忙碌而不"盲碌",时间够用而且还能从容不迫。要成为一个时间管理的高手,除了善用时间管理方法以外,还可以有意识地运用以下几个小窍门,合理利用时间。

(一)利用好碎片时间

数学家华罗庚曾经说过:"时间是由分秒积成的,善于利用零星时间的人,才会做出更大的成绩来。"人们每天的生活,充斥着各式各样、大大小小的事情,这些事情将时间分割成无数的碎片。等车、坐地铁、乘公交、排队……这些细碎的时间,表面上看起来做不成什么大事,可能也没什么特别的感觉,但若日积月累,将会产生惊人的效果。在一个生活节奏逐渐加快、人人喊忙的现代社会中,时间被分割得很厉害,大块可利用的时间已越来越少。富兰克林说过,他把整段时间称为"整匹布",把点滴时间称为"零星布"。做衣服有整料固然好;整料不够,就尽量把零星的用起来,天天二三十分钟,加起来,就能由短变长,派上大用场。

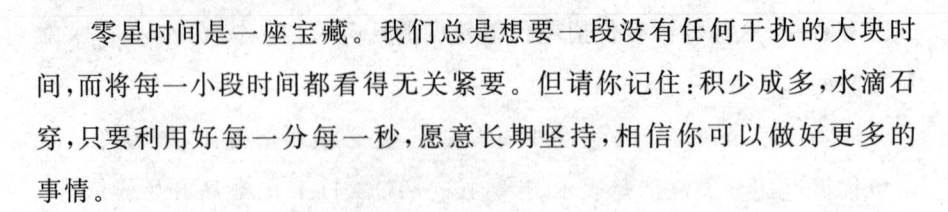

零星时间是一座宝藏。我们总是想要一段没有任何干扰的大块时间,而将每一小段时间都看得无关紧要。但请你记住:积少成多,水滴石穿,只要利用好每一分每一秒,愿意长期坚持,相信你可以做好更多的事情。

(二)改变坏习惯,养成好习惯

科学家研究发现,一个人的习惯养成,也需要 21 天的时间。习惯的养成非一朝一夕,而要改正某种不良习惯,常常需要很长的时间。大学校园里,有太多太多的学生放任自己,到毕业时悔恨不已,但为时已晚。亚里士多德曾说过,人的行为总是一再重复,因此卓越不是单一的举动,而是习惯。习惯对我们的生活有极大的影响,因为它是持久而又连续的。当一些坏习惯在不知不觉中控制着你的生活轨迹时,你要当心,也许不用过多久,失败将陪伴在你的周围。

(三)懂得劳逸结合

孔子曰:"百日之劳,一日之乐,一日之泽,非尔所知也。张而不弛,文武弗能;弛而不张,文武弗为。一张一弛,文武之道也。"现实生活中,机器运转久了就会发热需要冷却,相同作物种久了土壤肥力就会下降需要轮作,弦绷得太紧了就会断掉需要松弛,同样,人的脑力或体力若长时间运转,没有得到充分的休息和调整,身体就会垮掉,因此,既要会利用时间学习,也要会休息。

(四)学会说"不"

每天都会有各种各样的干扰,有时明明知道某些要求会给自己带来不必要的压力,但因为怕看到别人眼中的失望而不好意思拒绝,习惯做老好人等原因导致全盘接受。但与此同时,也会为这个"我可以"的答应付出了惨痛的代价:自己的生活被打扰、时间变得散乱且无法把精力放在对自己真正重要的事情上,答应后内疚、挫败的感觉会让人耗尽元气。

人的时间太少,为了预留出足够的时间来处理自己的事,有时需要学会拒绝别人的要求,明确地说出"不"。因为只有这样,才能为我们赢得更多的时间和更高的生活品质。

做好时间管理的前提是高校学生思想上要高度重视,对高校生活要有规划,有上进心、进取心;在软约束情景下对自己有严格要求的决心,有克服懒惰、散漫不良习惯的意志。所以,高校学生首先还是要先解决好对待自己人生的思想认识和态度问题,再来寻求解决方法和技巧,这样就不会有太大困难。如果没有解决好前提问题,要做好时间管理只能是奢望。

第三节 学会精力管理

有时候,时间管理不一定是最好的解决方案,因为一天中有多少个小时是固定的,但是如果我们尝试从管理精力方面下手,而非时间,会不会更加高效呢?

一、身体精力

我们往往不重视身体能量对效能所起的作用。在大多数工作中,身体能量被完全从效能公式中删除了。实际上,身体能量是精力的基本来源,即使我们的工作几乎是坐着完成的。精力不仅是机敏性和生命力的核心,还会影响我们处理感情、保持精力集中、进行创造性思考的能力,甚至会影响我们对所从事的任何工作全力以赴的能力。

从最基本的意义上说,身体能量源自氧和葡萄糖的相互作用。按照实际情况讲,我们精力储备的多少取决于我们呼吸的模式、我们吃的食物以及何时进食、睡眠的时间和质量、我们在一天当中能周期性恢复的程度和我们的健康水平。在体力消耗和恢复之间建立有节奏的平衡,确保我们的精力储备保持相对固定的水平。迫使自己超过舒适区,然后恢复,是一种提高身体承受力的方式,可以改善因身体能量不足而无法满足精力要求的情况。

呼吸是非常有力的自我调节工具,是一种打起精神和彻底放松的方

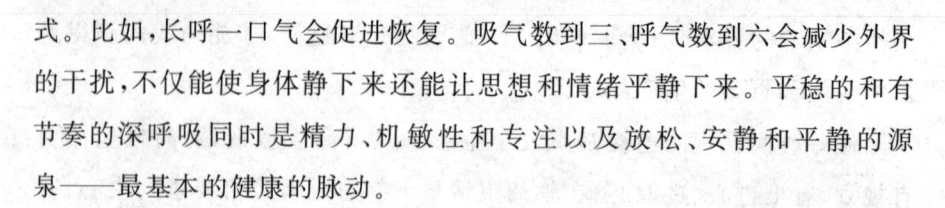

式。比如,长呼一口气会促进恢复。吸气数到三、呼气数到六会减少外界的干扰,不仅能使身体静下来还能让思想和情绪平静下来。平稳的和有节奏的深呼吸同时是精力、机敏性和专注以及放松、安静和平静的源泉——最基本的健康的脉动。

(一)合理摄入营养

人的生命中身体能量的第二个重要来源是我们的食物。吃不饱——用转化成糖原的"食物"补充精力的代价是显而易见的。我们中大多数人并没有经历过太多长时间的饥饿,但是我们都知道挨饿时肚子里的感觉,以及对我们有效发挥各方面的能力的影响。饥肠辘辘时很难过多考虑食物以外的问题。另一方面,长期吃得过多,意味着太多的"恢复",会导致肥胖和精力受损,对效能和健康都会造成影响。富含脂肪、糖和简单碳水化合物的食物可以使人恢复精力,但是与低脂肪高蛋白的食物(蔬菜和谷物属于复杂碳水化合物)相比,它们的能效较低。

同样重要的是吃血糖指数低的食物。血糖指数衡量的是糖从具体的食物中释放到血液中的速度。缓释可以提供更稳定的能量来源。比如,提供最高效和最持久的能量来源的早餐食品包括全麦食品、高蛋白质食物和水果(如草莓、梨、葡萄柚和苹果)。相反,血糖含量高的食物(如松糕或含糖麦片)虽能强化短期能量,但是30分钟内就会消耗光了。

隔多久进餐一次也会影响人们全方位投入和保持高效能的能力。每天吃五六顿低热量高营养的饭能确保精力的稳定再供给,但即使是最富含能量的食物也不能供应保持两餐之间4~8小时的高效能所需的燃料。

(二)间歇训练

在一项由哈佛大学和哥伦比亚大学联合进行的研究中,研究人员发现,一连串短时间剧烈的有氧运动(每次60秒或者更短时间,接下来进行彻底的有氧恢复)对参与者有深远的积极影响。仅仅在8周的时间里,受试者在心血管健康、心率变异性和情绪方面都有显著的好转。他们的免疫系统增强,舒张压下降。

我们相信间歇训练的价值不仅仅是因为它对身体的好处，还在于它在引导我们日常生活中面临的挑战方面的实用性。间歇训练长期以来都是我们训练的核心，这种训练可以采取多种形式：短跑、步行上下楼、骑自行车，甚至举重物。

间歇训练是一种增加能量储备并承受更多压力的方式，也是让身体更有效恢复的方法。《Ergonomics》杂志上刊登的一项研究总结说："身体健康的人的大脑效能要大大好于那些不健康的人。健康的工人在从事和精神集中、短期记忆有关的工作时犯的错误比身体不健康的工人少27%。"

精力的消耗和恢复都是活跃的生理过程。在我们的经验中，任何形式的直线式精力消耗——身体的、情感的、思想的或精神的，对效能来说都不是最理想的，而且随着时间的推移有潜在的破坏作用。全方位投入需要我们具备对生活中的任何要求做出快速灵活的反应能力，还要求我们能快速高效地停止工作恢复平衡。

（三）生理周期和睡眠

除了吃饭和呼吸，睡眠是我们生活中恢复精力最重要的来源。睡眠也是包括体温、荷尔蒙水平和心率在内的日夜节奏中对恢复精力作用最大的。具体的睡眠时间会影响人们的精力水平、健康和效能。

你工作的时间越长，越是连续工作，工作得越晚，效率就越低，就越容易出错。

睡眠研究人员和心理学家克劳迪奥·斯塔姆皮进行了一项研究，受试者被剥夺了正常的睡眠，他们每4小时小睡20～30分钟。小睡代表的是一种战略性恢复。斯塔姆皮发现小憩的工人能在24小时中保持高得惊人的警惕性和生产力，即使是在缺乏更长时间睡眠的情况下。唯一需要说明的是，要控制小憩的时间以确保受试者不会进入更深层的睡眠阶段。在睡眠超过30～40分钟后，他们中许多人会感觉没有力气，甚至比不小睡更疲劳。

二、情感精力

身体能量是激发我们情感上的技能和天赋的原动力。为了做出最佳的表现,我们必须尽量拥有愉快、积极的情感:高兴、挑战、冒险和机会。由威胁或者不足而产生的情感——担心、挫折、生气、伤心,毫无疑问有毒害作用,这些情感和特定的压力与激素(最明显的是皮质醇)的释放有关。按照我们的观点,情商就是这样一种能力:熟练地管理情感,从而促进非常积极的精力和全方位投入。实际上,为积极的情感提供动力的关键的"肌肉"或能力是:自信,自制(自我调整),社交技巧(有效处理人际关系)和理解别人的感情。更小的、支持性的"肌肉"包括耐心、坦诚、信任和欢乐。

能否得到最能促进效能的"情感肌肉",取决于在定期锻炼和周期恢复之间创建一种平衡。就像我们消耗心血管的承受能力或者让二头肌承受压力导致衰竭一样,如果我们不断支出情感能量而不进行恢复,我们也在逐渐耗干自己的情感。当我们的"情感肌肉"很虚弱或不足以满足要求时,比如,如果我们缺乏信心或者特别没有耐性,我们必须通过设计出训练仪式,迫使自己超越能力极限,然后进行恢复,从而系统增强自己的情感承受力。

(一)增强情感承受力

即使我们定期找机会补充精力,也有对我们的要求超过我们情感承受力的时候。就像如果你不冲击自己的极限,你能举起的重量就这么多一样,在没有转化成消极情绪前,你就只能承受这么多情感要求。锻炼情感承受力最好的方法,就像锻炼身体的承受力一样,是逼迫自己突破目前的舒适区,然后进行恢复。

也许在全方位投入和高效能的障碍中,没有比缺乏安全感和自尊心不强更普遍、更令人烦恼的了。一些复杂和微妙的因素能解释产生这样的情感的原因,但是在树立更强的自信心方面,积极的精力仪式仍然是有效的。

(二)享受和情感补充

简单地变个方式就是一种在情感上重新得到动力的有效方法。任何愉快的、有成就感的、肯定的活动都会促进积极的情感。参加什么样的活动取决于你的兴趣,这样的活动可能是唱歌、园艺、跳舞、练瑜伽、读一本吸引人的书、体育运动、参观博物馆、听音乐会,或者就是在和他人度过忙忙碌碌的一天之后独自一人度过一段安静的、思索的时光。我们发现,把这些活动当成是优先考虑的事,把你投入这些活动上的时间看成最神圣的。关键是,参加活动的回报不仅仅是愉悦,实际上,它还是持续的效能的重要组成部分。

(三)把握对立面

对情感承受力最深层的表现是经历各种感情的能力。因为让大脑同时把握两种相反的神经冲动非常困难,我们往往会选择占上风的一方,重视某些情感技巧而忽略甚至贬低其他的。比如,我们可能高估坚强而低估柔弱,或者正好相反,而实际上两个代表的都是我们生活中重要的"情感肌肉"。这也适用于很多其他的对立面:自制和自发、诚实和同情、慷慨和节俭、直率和谨慎、热情和超然、耐心和急切、小心和大胆、自信和谦卑。

花一点时间考虑一下,在你自己的生活中你所拥有的"情感肌肉"的范围有多广。很可能你会发现你在这个范围的一端的力量要比另一端大得多。还要注意你对两种相反品质的相对价值的判断。没有什么情感承受力要比愿意重视对立的情感、不在两者之间做出取舍能更好地为情感的深度和丰富性服务。

实际上,我们是复杂性和矛盾性的复合体。无论我们在什么地方失去平衡,我们都必须把注意力集中在增强情感承受力上。最终目标是在我们自己的对立面之间更自由、灵活地移动。

三、思想精力

就像身体能量是情感能量的基本动力一样,身体能量也是思想能量的动力。没有什么比不能把精力集中在手头的任务上更影响效能的了。为了以最佳的状态工作,我们必须保持精力集中,在由宽到窄、从外到内的专注范围间灵活地移动。我们还需要尽可能地拥有现实主义的乐观精神。任何促进适当的集中和现实的乐观主义的事情都可以为效能服务。为最优的思想能量提供动力的主要"肌肉"包括:思想准备,心灵演练,自我积极对话,有效的时间管理以及创造力。

就像身体和情感那样,思想上的承受力也来自精力消耗和恢复之间的平衡。为了休息和恢复活力而周期性地改变思维方式,决定了保持适当的集中和现实的乐观主义的能力。当我们缺乏要达到效能的最佳状态所需的"思想肌肉"时——如果我们的注意力持续时间太短,观念太悲观,或者观点太僵化,视野太狭隘,我们必须通过系统的训练来增强承受力。

身体、情感和思想方面的精力储备之间相互依存。在身体方面,因为睡眠太少或健康状况不佳而导致的疲劳感会进一步导致精力分散。在情感方面,像焦虑、挫折和生气这样的感觉会妨碍精力的集中,破坏乐观的精神,特别是在面对较高的要求时。

人们在思想方面最为低估周期恢复的重要性。在大多数工作环境下,强调的是(不论是直接的还是含蓄的),更长时间、更连续地工作是获得高生产力的最佳途径。我们不会因为定期休息、在中午的时候锻炼身体,或者除了低头消磨尽可能长的时间以外的任何工作模式而受到奖赏。

人的大脑只占体重的 2%,但是需氧量占了差不多 25%,因此思考会消耗大量的精力。思想上恢复不充分的后果包括判断错误增多、创造力降低、无法理性地考虑所面临的风险。思想上的精力恢复的关键是让有意识的、思考的大脑得到周期性休息。

钟摆式运动会让大脑的不同部分被激活。神经外科医生罗杰·斯佩里因为在研究中确立大脑的两个半球处理信息的方式根本不同而获得

1967年的诺贝尔奖。左脑负责语言，按照有序的、一步一步的、遵循时间的方式工作，根据逻辑推理得出结论。斯佩里的突破在于他发现右脑拥有独一无二的、往往没有得到正确评价的属于自己的特性。右脑在视觉和空间上更灵活，有更强的迅速辨别事物的能力，并能把部分和整体联系起来。因为同左脑相比，右脑非线性更强、不那么看重时间，所以往往通过直觉的跃进和突然的发现解决问题。

斯佩里的发现有助于解释，为什么我们最好的想法往往出现在并非有意识寻找解决方案的时候。同样重要的是，间断性地处于右脑控制下，似乎为我们提供一种有效的方式，让我们从大部分工作时间里所处的理性的、分析型的左脑模式中恢复过来。

简单地说，创造力的最佳状态依赖于在投入和退出之间、思考和漠视之间、活动和休息之间有节奏地运动。两方面都是必要的，只靠任何一方面是不行的。

越来越多的证据证实，大脑自身像肌肉一样运转——使用不当会导致萎缩，积极使用会变得更发达，即使是在上了年纪的时候正如神经学家理查德·雷斯塔克所说的那样："无论此刻你的年龄有多大，从这时开始让你的大脑变得更好用还不算晚。那是因为大脑和我们身体的其他器官不同。我们的肝、肺、肾在使用一定年限后会衰竭，但大脑却越用越灵活。实际上用得越多越发达。"换句话说，继续让大脑面临挑战能防止我们因年龄变大而智力下降。就像学习一个新的体育项目迫使我们锻炼新肌肉并用不同的方式使用身体一样，学习新的电脑技能，学一门新课，或者每天学几个新单词，都会推动学生锻炼为效能服务的"思想肌肉"。

四、精神精力

人们在某一时刻可以消耗的精力的数量是身体承受力的反映。我们消耗自身能量的动力主要是精神层面的问题。从根本上说，精神能量是我们生活中各方面行动独一无二的动力。它是我们的动力、毅力和行动方向的最有力的源泉。从实际的角度看，无论我们肩负什么样的使命，任何能点燃人类精神火炬的事物，都可以为驱动全方位投入服务、为我们的最佳效能服务。为精神能量提供动力的关键"肌肉"是性格——按照自己的价值观生活的勇气和信念，即使这样做需要个人牺牲、历经艰辛。支持性"精神肌肉"包括热情、承诺、诚信和诚实。

通过恰当地关爱自己来平衡对他人的责任可以保持精神能量。换句话说，按照我们自己最坚定的价值观生活的能力，依赖定期补充我们的精神能量——找办法休息、重新焕发精神并重新和我们认为最鼓舞人心、最有意义的价值观相联系。当我们缺乏足够的精神能量时，我们必须通过系统的方法再进一步——挑战我们的自满和私利。

第四节　学会提升精力

我们生活在一个数字化时代，我们的生活节奏越来越快：我们的每一天都以"位"和"字节"来划分。我们注重广度而不是深度，注重快速反应而不是缜密思考。我们蜻蜓点水似的经过许多目的地，但极少在任何一个地方做长久的停留。我们步履匆匆走过一生，不曾歇一歇脚，考虑一下我们到底想成为什么样的人、我们真正要去向何方。我们百事缠身却无力应对。

因此要学会提升精力，下面是提升精力的四个原则。

一、全方位投入

全方位投入需要利用四种独立但又相互联系的精力资源——身体的、情感的、思想的和精神的。

人是复杂的能量系统，全方位投入不是单方面的。在我们身体中积蓄的能量包括身体的、情感的、思想的和精神的。这四种动力都至关重要，任何一种都不能单独存在，却又可以有力地影响其他的动力。为了表现出最佳状态，我们必须巧妙管理这些相互联系的精力资源。无论减少这个组合的哪个方面，充分激发我们天赋和技巧的能力都会降低，就像一个气缸发动不起来发动机就会熄火一样。

精力是我们生活各个方面的共同特性。体能承受力（即身体上的精力储量)按数量来衡量(从低到高),情感承受力(即情感上的精力储量)按质量来衡量(从消极到积极)。这些是我们最基本的精力资源,因为没有充足的、高性能的"燃料"任何任务都无法完成。精力越是消极、让人不快,就越不能让我们有好的表现;精力越是积极、令人愉快,它的效率也就越高。全方位投入和最大限度的效能只有在"高而积极"的象限中才有可能。

二、周期性补充精力

人们极少考虑正在支出多少精力,因为人们想当然地认为能得到的精力是无限的。事实上,不断增加的要求不断地消耗我们的精力储备——特别是当我们没有做出任何努力改变随着年龄的增长而不断消耗精力的状况时。通过全方位的培训我们可以大大减缓体能和智能的下降,实际上我们还可以不断深化情感和精神方面的承受力,直到我们生命的尽头。

相反,当我们过着非常直线式的生活——支出的精力远远超过恢复的精力或者恢复的精力远远超过我们支出的精力,最终的结果是,我们精神崩溃、精疲力竭、体能下降、失去热情、生病甚至过早地离开这个世界。让人感到悲哀的是,对恢复精力的需求往往被看作是虚弱的表现,而不是保持效能所必需的一个方面。结果,人们几乎从不注意补充和扩大精力储备,无论是个人还是团体。人们在生活中要保持精力旺盛,就必须学会如何按照一定的周期消耗和补充精力。最丰富、最开心和最有成效的生活的特点是有能力在迎接挑战的时候全方位投入,而且还要定期让自己适时退出以补充精力。

三、超越通常的限度

压力不是我们生活中的敌人,相反,它是我们成长的关键。为了增强肌肉的力量,我们必须系统地对它施加压力,消耗超出一般水平的能量,这样做实际上会导致肌肉纤维出现极小的撕裂。一次训练结束后,会累得什么都干不了,但是给肌肉 24~48 小时的恢复时间,它会变得更强壮并能更好地经受下一次训练。这种训练主要是用于增强身体能量,这与锻炼我们生活中方方面面的"肌肉"也有一定的相关性——从移情和耐心到专注和创作,再到诚信和承诺。适用于身体的同样适用于我们生活的其他方面。这种认识简化并革新了我们接近挡在我们路上的障碍的方法。

我们用和增强身体承受力完全一样的方式,增强情感、思想和精神上的承受力。

我们通过支出超过正常水平的能量然后恢复,从而在各个层次上增强自己的能力。让肌肉接受一般的训练,肌肉是不会增强的。随着年龄的增长,肌肉实际上会变得越来越没有力气。锻炼任何"肌肉"的制约因素是我们中有很多人在稍感不适时就退缩了。为了适应生活中不断增长的要求,我们必须学会系统地锻炼承受力还不够的肌肉。让人感到不适的任何形式的压力都有可能增强我们的承受力——身体上、情感上、思想上或精神上,只要接下来进行适度的恢复。就像尼采说的那样:"那些不会置我们于死地的东西会让我们变得更强壮。"

四、积极的精力仪式

积极的仪式是这样一种行为,它在一些根深蒂固的价值观的推动下,日久天长,习惯成为自然。

可以用"仪式"这个词来强调一种仔细界定的、非常有条理的行为。意志和纪律需要你迫使自己行事,与此不同的是,仪式吸引你行事。想一想就像刷牙那么简单的事情。这不是你一般要提醒自己去做的事情。在明确的健康价值的推动下,刷牙是你觉得吸引你去做的事情。你刷牙很大程度上是自觉的,没有太多的有意识的努力或意图。仪式的力量在于,它确保我们在不是绝对必要的地方,耗费尽可能少的有意识的精力,从而能以创造的、充实的方式战略性地集中现有的精力。创造积极的仪式是为全方位投入而有效管理精力的最有效的方式。

第三章

高校学生职业意识素养

第一节 职业意识概述

一、职业意识的含义

在竞争日益激烈的知识经济时代,社会的竞争就是人才的竞争,而人才的竞争取决于素质的竞争,健康的职业意识是职业素质的核心部分。人力资源理论研究者认为,职业化人才的成功与否主要取决于其职业意识水平的高低。作为学生,一定要充分了解和把握职业意识,并注重培养自己良好的职业意识,唯有如此,才能在未来的职业生涯中创造良好的业绩、成就美好的人生。

(一)什么是意识

意识是大脑的一种属性机能,是对客观现实的能动反映,是大脑进行的一种活动。

人的意识是一个结构复杂的系统。从内容上看,意识是知、情、意三者的统一。"知"是指人类对世界的认识;"情"是指情感,是对客观事物的感受和评价;"意"是指意志,是人类追求某种目的和理想时表现出来的自我克制、毅力、信心和顽强不屈等精神状态。从意识的自觉程度来看,意识可以分为潜意识和显意识。潜意识是主体不能控制和提取并参与思维活动的意识;显意识是人们自觉认识并受到一定目的控制的意识。从意识的指向来看,意识又可以分为对象意识和自我意识。对象意识指向客观世界的各种事物、现象、关系和过程;自我意识则指向自身内部的各种关系、体验以及人在世界中的地位。

意识具有主观能动性。它不仅能够主动地、有选择地和创造性地反映客观世界,而且能够指导实践改造客观世界;同时能够在一定程度上调节和控制人体的生理活动,反映自身并控制自身的行为。总之,意识是人的精神生活的重要特征,人的日常生活、学习和工作,都是在意识支配下进行的。

(二)什么是职业意识

职业意识即从业者在特定的社会条件和职业环境影响下,在教育培养和职业岗位任职实践中形成的某种与所从事的职业有关的思想和观念。它以基本的职业知识为基础,以对职业价值的理性认识为核心,同时展开对职业目标、职业道路、职业道德、职业能力、职业信念、职业发展等一系列问题的思考,反映一个人对于职业的根本看法和态度,是职业认知与职业行为的综合,主要包括职业认识、职业情感、职业意志、职业行为等。

职业意识是人在职业问题上的心理活动,是自我意识在职业选择领域的表现。职业意识的形成不是偶然的,而是一个由浮浅趋于深刻、由模糊趋于鲜明、由幻想趋于现实的发展过程。

二、职业意识的意义

(一)提升职业素质

职业活动中,个人的成功与否越来越取决于其综合职业素质的高低,良好的职业意识则可以极大地增强个人职业追求和发展的动力,从而促进其职业素质的提高。培养良好的职业意识,造就高素质的劳动者,必将提升用人单位的工作业绩,推动社会的发展进步。

(二)导航职业生涯

职业生涯就是一个人的职业经历,是指一个人一生中所有与职业相联系的行为与活动以及相关的态度、价值观、愿望等连续性经历的过程，也是一个人一生中职业、职位的变迁及工作、理想的实现过程。在影响职业发展的因素中，职业意识具有导向和调节作用，对个人职业发展影响重大。正确的职业认知、积极的职业情感、坚强的职业意志、良好的职业行为，必将推进人的职业生涯的良性发展。

（三）实现人生价值

人的价值是个人价值和社会价值的统一，也就是人作为价值主体和客体对自我需要和社会需要的满足程度。人的价值评价关键是如何对待社会价值与个人价值的关系，其核心内容是如何处理贡献与满足的关系。人生价值主要通过职业活动来体现，职业是实现人生价值的舞台。职业能否实现人生价值，与人的职业认识、职业情感、职业意志、职业行为息息相关。良好的职业意识能使从业者敬业、乐业、勤业，从而实现人生的价值。

三、职业意识发展的阶段

职业意识的发展主要经历以下三个阶段。

（一）幻想阶段

这一阶段主要在小学时期。小学生已经萌生了职业意识，他们从自己的兴趣爱好和崇拜对象的职业中形成职业理想，还没有考虑职业与自己性格、知识、能力之间的关系以及职业的现实需求，想象成分居多，现实考虑极少，带有随意性，易随客观环境刺激的变化而变化。

（二）分化阶段

这一阶段主要在中学时期。中学生已经初步形成了比较稳定的兴趣爱好和价值取向，这为职业意识的深化奠定了基础。最初，中学生的职业选择由兴趣主导，并试图将兴趣与能力统一于价值体系中。随着心理、生理等各种因素的不断发展，中学生认识到未来职业与主体状况之间的内在联系,其职业目标同原来的职业意向出现分化,在不断地分析比较中选择自己的职业目标,并为目标的实现不断付出努力。

(三)成熟阶段

这一阶段是一个由主观愿望落实到具体计划的过渡期,大学生正处于这一阶段。专业选择是职业意识的具体表现,学生要权衡各个职业的价值,选取相对价值最高的职业目标。学生对专业的选择实际上是对职业的选择,尽管将来未必从事专业对口的工作,但学习也是为将来就业所进行的实际准备,这种准备体现了职业意识。

职业意识的成熟最终要靠现实职业选择来实现。大学生正处于职业意识成熟阶段的前期,处在职业社会边缘地带,已经开始向职业社会过渡,逐渐认清职业社会对某些职业的实际要求,从而找准职业定位。

四、良好职业意识的表现

良好职业意识是从业人员的根本素质,是一个合格的社会职业者的必备条件,它不仅是个人职业生涯成功的保证,也是促使企业生产发展和社会发展的需要。

良好职业意识的形成和保持,不仅需要良好的社会环境和社会实践,特别是从业实践,而且需要对社会认可的良好职业意识的充分把握。对尚未就业的大学生来说,对良好职业意识的理解和认同是职业意识培养的重要前提。

良好职业意识除了本模块后面要重点讲述的责任意识、质量意识、创新意识、服务意识外,还主要包括以下八个方面。

(一)规则意识

规则意识是指发自内心的、以规则为自己行动准绳的意识。比如说遵守校规、遵守法律、遵守社会公德、遵守游戏规则的意识。规则意识是现代社会每个公民都必备的一种意识。规则意识有三个层次:首先是关于规则的知识;其次是要有遵守规则的愿望和习惯;最后是遵守规则成为人的内在需要。

孟子曾说:"不以规矩,不能成方圆。"在日常生活中,规范和制度无处不在、无时不有。大到一个国家,小到一个企业,都有自己的规章制度。规范和制度是组织正常运行的最基本保证。公司的每一个部门,都会依据本部门的职能制定相应的规章制度,以保证本部门工作顺利进行。每位员工都是公司的一分子,遵守公司的各项规章制度是员工的基本职责。

(二)诚信意识

诚实守信是中华民族的传统美德,是为人处世的基本准则,也是从业人员对社会、对他人所承担的义务和职责,是人们在职业活动中处理人与人之间关系的道德准则。

诚信是一种优良的品质,意味着一言九鼎、言出必行、说到做到。这个世界上并不缺乏有能力的人,那种既有能力又忠诚于企业的人才是每一个企业所追求的理想人才。在职场上,诚实守信会赢得领导、同事和客户的信任,为事业成功赢得更多的机会。

(三)敬业意识

敬业就是用一种恭敬严肃的态度对待自己的职业,是从业人员在特定的社会形态中,认真履行所从事的社会事务,尽职尽责、一丝不苟的行为。

如今学历资格已不是很多公司招聘员工时的首选条件,大多数企业认为,良好的工作态度是雇佣员工的最重要条件,其次才是职业技能和工作经验。在工作中要有兢兢业业、埋头苦干、任劳任怨的工作态度和忘我精神,这样才能更好地实现自己的价值。

(四)竞争意识

竞争意识是个人或团体间力求压倒或胜过对方的一种心理状态,它能使人精神振奋、努力进取,促进事业的发展,是现代社会中个人、团体乃至国家发展过程中不可缺少的心态。只有存在竞争,社会才会有活力;只有重视竞争,有强烈的竞争意识,才能不断地超越自我。

商场如战场,说的就是商场中的竞争和战场上的战争同样残酷。企业的员工能否适应激烈的竞争,能否从竞争中脱颖而出,是他能否取得成功的关键。世界上所有通过自己的奋斗取得成功的人,都具有强烈的竞争意识。只有敢于竞争的员工,才是最优秀的员工;只有敢于胜利的团队,才是最卓越的团队。

(五)团队意识

团队意识是指整体配合意识,包括团队的目标、团队的角色、团队的关系、团队的运作过程四个方面。团队意识是一种主动性的意识,将自己融入整个团队对问题进行思考,想团队之所需,从而最大限度地发挥自己的作用。而如果只是服从命令,则是被动的、消极的。

俗话说:"一根筷子轻轻被折断,十双筷子牢牢抱成团。"团队意识的重要性对于任何组织来说都是无与伦比的,大到国家,小到公司,都需要每个成员具有团队精神。一个人没有团队意识将难成大事;一个公司没有团队意识将成为一盘散沙;一个民族没有团队意识也将难以强大。可以这样说,团队意识决定组织成败。

(六)节约意识

法国作家大仲马说:"节约是穷人的财富、富人的智慧,节约是所有财富的真正起始点。"在公司进入微利时代的今天,除了赚钱的思路、观念需要及时进行调整、转变、更新外,更重要的是用节约的方法来降低成本、增加利润。当一个公司能够抠出低成本时,也就抠出了高效益。但是,"抠门"绝不是该投资的不投资,而是杜绝浪费,将不该花的钱节省下来,让它为公司的生存发展发挥更大的作用。

"制度是最好的老师。"在企业要求员工减少浪费的时候,同时一定要对企业制度做出修改——修改掉企业管理考核制度中容易滋生浪费的"温床",从而让员工更好地形成节约的意识,使员工在工作的过程中能够将企业当作自己的家一样去对待,从不浪费一度电、一滴水做起,让企业资源的利用率大幅提升,从而让员工在生产劳动的过程中养成不浪费的好习惯。

(七)创业意识

创业意识是指一个人根据社会和个体发展的需要所引发的创业动机、创业意向或创业愿望。创业意识是人们从事创业活动的出发点与内驱力,是创业思维和创业行为的前提。

需要和冲动是构成创业意识的基本要素。当今社会随着科学技术的进步和劳动生产率的提高,经济增长对就业的吸纳能力将会不断下降,就业缺口也会不断扩大。鼓励学生自主创业,既能解决自身就业难的问题,还能为社会拓展就业渠道,更重要的是能满足学生自我实现的需要。因此,现代学生应强化创业意识,主动适应社会与时代发展的现实需要。

(八)安全意识

所谓安全意识,就是人们头脑中建立起来的生产必须安全的观念,也就是人们在生产活动中对各种各样有可能对自己或他人造成伤害的外在环境条件的一种戒备和警觉的心理状态。安全与生产是矛盾的对立统一,只有搞好安全才能使生产有序进行,忽视安全,生产就会停滞不前,造成国家财产的重大损失和从业人员的伤亡。

从业人员从事生产经营活动,首先要对其所从事的作业场所和工作岗位的安全进行了解,做到安全生产心中有数。树立安全意识,最主要的一点就是严格执行安全操作规程,执行安全规程不打折扣、不变样,有人管没人管都一个样,有没有监控都一个样。

第二节 责任意识

一、认识责任意识

责任就是分内应做的事情,也就是承担应当承担的任务,完成应当完成的使命,做好应当做好的工作。责任无处不在,存在于每一个角色。父母养儿育女,老师教书育人,医生救死扶伤,工人铺路建桥,军人保家卫国……人在社会中生存,就必然要对自己、对家庭、对企业甚至对祖国承担并履行一定的责任。

责任意识,就是清楚明了地知道什么是责任,并自觉、认真地履行社会职责和参加社会活动,把责任转化到行动中去的心理特征。有责任意识,再危险的工作也能减少风险;没有责任意识,再安全的岗位也会出现险情。责任意识强,再大的困难也可以克服;责任意识差,很小的问题也可能酿成大祸。

二、增强责任意识

工作意味着责任。每一个职位所规定的任务就是一种责任。责任是一名员工的立身之本,可以说,一个人放弃了工作中的责任,就意味着放弃了在工作中更好生存的机会。对工作负责就是对自己负责,工作兢兢业业,是在为自己的前途打拼,一方面是在为自己的能力添砖加瓦,另一方面也是借着企业这个平台逐渐实现自己的理想。

(一)干好第一份工作

想要有所作为,首要的是干好本职工作,对于刚毕业的学生来说,则要干好自己的第一份工作。处境的改变,理想的实现,事业的成功,很多时候不在于做的是什么工作,而在于工作做得怎么样。

迈阿密《先驱》报荣誉总裁罗伯托·苏亚雷斯,刚到美国时在《先驱》报做临时工,专门站在广告插入机前,将一份份广告夹入报纸内,每天工作15个小时。他认为这是一生中最严峻的时期,但也是最大报偿的时期,因为他明白了没有什么收获是理所当然而不需要付出努力的。

选择第一份工作可能不是由自己的意志决定的,但怎样看待第一份工作,走好人生奋斗的第一个起点,确实是靠个人努力的。以什么样的态度去工作,这将影响你的一生。成功人士对待人生第一份工作的态度告诫人们：以尽职尽责的态度去工作，走好人生奋斗的第一个起点，将会影响你的一生。

(二)坚决服从企业安排

服从是指受到他人或者规范的压力，个体发生符合他人或规范要求的行为。服从是员工的天职。服从上级安排是员工的第一美德，是工作中的行为准则，是锻炼工作能力的基础。同时，服从也是工作的推进剂，能给人的行动催生无穷的勇气，能激发人的潜力。员工只有具备了这种服从精神，才能提高自己的执行能力。

真正的服从是无条件服从，是没有任何借口的服从，只有这样才能产生惊人的力量。一个企业要发展，就要求员工必须坚决服从企业安排，拖沓、不负责任的员工可能给企业带来巨大损失。作为员工，应该无条件服从公司安排，无论遇到什么困难绝不找任何借口推脱或搪塞，这是取得成就的前提和基础。

(三)对个人行为负责

成熟的第一步是勇于承担责任。成年人应当直面人生，自己为自己负责，而不是迁怒于无关的事物。当然，这样做比较困难。不成熟的人总能为他们的缺点和不幸找到理由，这种行为是在为自己找"替罪羊"，而不是设法克服困难。能为自己的思想、工作习惯、目标和生活负责，才能真正主宰自己的命运，走上成功之途。

当一个人心不在焉地工作时，结果也就不会对他负责。正如俗语"种瓜得瓜，种豆得豆"所言，有几分努力便有几分收获。善用我们的心智、技术和才能，必定能在生活中得到报偿。负起我们个人的责任，把天赋、才能发挥到极致，必能获得快乐、成功和财富，这道理对每个人都适用。

(四)遇到问题不推卸

很多情况下，人们会倾向于首先解决那些容易的事情，而把那些有难度的事情尽可能推给别人。其实，工作中遇到问题时，应该勇于面对，让

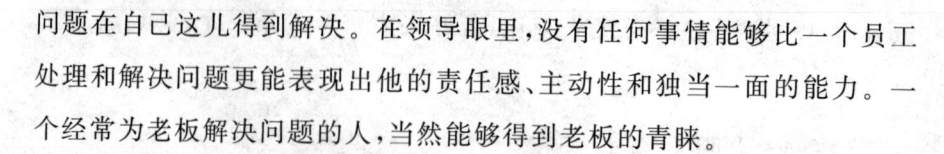

问题在自己这儿得到解决。在领导眼里,没有任何事情能够比一个员工处理和解决问题更能表现出他的责任感、主动性和独当一面的能力。一个经常为老板解决问题的人,当然能够得到老板的青睐。

(五)不为错误找借口

常言道:"智者千虑,必有一失。"一个人再聪明、再能干,也总有犯错误的时候。通常,人犯了错误会有两种态度:一种是拒不认错,找借口辩解推脱;另一种是坦诚地承认错误,勇于改正,并找到解决的途径。

寻找借口是世界上最容易办到的事情之一,只要心存逃避的想法,就总能找出足够多的借口。正因如此,勇于承认错误才更加难能可贵。每个人都有犯错误的可能,关键在于认错的态度。其实只要坦率地承认错误,并尽力想办法补救,就仍然可以立于不败之地。

第三节 质量意识

一、认识质量意识

质量意识是一个企业从领导决策层到每一个员工对质量和质量工作的认识和理解。质量意识对质量行为起着极其重要的影响和制约作用。在我国现阶段的市场经济条件下,企业竞争的焦点是产品和服务的质量。企业要生存、求发展必须以产品和服务的质量为基石,精益求精、讲究质量也是从业人员恪守职业道德的起码要求。

二、增强质量意识

质量是企业发展的根基,是企业的生命和未来。精益求精、讲究质量也是从业人员恪守职业道德的起码要求。任何产品都是由具体的从业人员经过若干道工序生产出来的,任何服务也是由从业人员来完成的,这些从业人员能否精益求精、注重质量,直接关系到企业的产品质量和消费者的切身利益。

(一)提升质量意识

质量并不是一个简单的指标,它是一种精神。现代管理学认为,一个经济生命体依靠"三气"生存,即企业要有名气、组织要有士气、员工个人要有志气。这"三气"凝聚成一种精神——质量精神。"名气"是要以质量为保证的;"士气"是要以质量为诱因和结果的;"志气"则是要拿出高质量的工作业绩来谋求发展的。质量形成的过程,不仅仅是一个物质加工生产的过程,更是一个文化、思想、意识凝聚的过程。

高标准的质量意识是产生未来收益的资源基础,而质量意识的不足,必然导致货币利益的丧失。对员工来说,质量意识同时是一个人的价值观、素质、气质的投入和产出过程。市场如水,企业如舟,质量像舵,人是舵手,一个企业要想在市场竞争中乘风破浪,必须首先要有一个好舵,更要有好的舵手进行操控,保证企业之舟能够又快又稳地行驶。

每一个从业人员都应该站在消费者的角度换位思考,因为其既是生产者,也是消费者,都是社会中的一员。这样才能生产出消费者期待的高质量产品,为社会做出自己的贡献。

(二)树立"三全"质量意识

"三全"即全面质量管理、全员质量管理、全过程质量管理,是20世纪80年代提出的质量管理概念,它是一种全方位的综合活动,已经得到广泛的认同。

1.全面质量管理

从组织管理角度来看,全面质量管理的含义就是要求企业各个管理层次都有明确的质量管理活动内容。全企业的各个部门都对产品或服务质量负责,都参加质量管理,各部门之间相互协调,共同做好质量管理工作。

2.全员质量管理

各部门、各个层次的员工都有明确的质量责任、任务和权限,做到各司其职。质量管理的核心是提高人的素质,调动人的积极性,人人做好本职工作,通过抓好工作质量来保证和提高产品质量或服务质量。全员质量意识是一个企业的巨大经营资源,这是一种无形资产,它的珍贵程度超过企业的资金资源。

3. 全过程质量管理

对产品的研究、设计、生产(作业)、服务等全过程各个环节加以管理,形成一个综合性的质量体系,做到以预防为主、防检结合、不断改进,以达到用户满意。

(三)防止短视利益行为

在前几年的某铁路系统的电缆设备招投标中,竞标企业为满足客户低价格需求,竞相压价,若拆细生产各个环节的成本,竞标价格难以保本。这种情况无非引发两个结果:一是厂家赔本做;二是厂家赔不下去,只好偷工减料,从成本上"想办法"。报价难以保本,就无法保证企业健康存续发展。

过去,企业的传统思想认为,提高质量必然导致成本上升、利润下降,所以在企业经营管理活动中只重视成本而忽视质量。但是,随着质量管理的发展,这种思想发生了变化。企业的经营者开始认识到,产品质量提高了,就会减少废品,降低废料、返修、调整、检查的成本,成本会大幅度降低。同时,产品质量提高了,能得到消费者的信赖,有利于扩大产品销路、稳固占领市场。所以,尽管提高质量会在短期内造成成本上升、利润减少,但从长远来看,它会提高企业声誉,给企业带来更多、更大的利润。正因为如此,现代企业在贯彻质量第一的经营思想过程中,特别强调克服短期行为,重视企业的长期发展。

(四)提倡零缺陷产品

零缺陷管理的思想主张企业发挥人的主观能动性来进行经营管理,生产者、工作者要努力使自己的产品、业务没有缺点,并向着高质量标准目标奋斗。它要求生产工作者从一开始就本着严肃认真的态度把工作做得准确无误,在生产中从产品的质量、成本与消耗、交货期等方面的要求来合理安排,而不是依靠事后的检验来纠正。零缺陷强调预防系统控制和过程控制,要求一次性把事情做好并符合顾客的要求。

(五)克服四种心理障碍

追求高质量必须调适以下四种不良心理。

1. 雇佣心理

民主意识淡薄的企业里,员工容易对管理者产生"错觉定位",形成一种旧式的人身、工作、质量和经济等各方面的依附。员工不能真正认识到工作对自己、企业及社会的价值所在。

2. 惰性心理

人都是有惰性的,特别是在同一环境工作一段时间后,适应了新的环境,如果环境没有大的改变,人就会变得机械和懒惰。表现为不注重专业技术的学习,质量观念淡薄,对企业和个人发展前途的信心不足。

3. 攀比心理

攀比不是竞争,竞争是以工作绩效来加以对比。如果有了这种心理,很容易在工作中产生只比劳动报酬,不比工作质量、工作效率的现象。

4. 妒忌心理

人们由于某种欲望没有得到满足或缺乏使之得到满足的现实条件,就会产生妒忌心理。把精力放在内耗上,势必影响工作质量。积极的化解方法是,把妒忌化为一种动力,把矛盾变为一种竞争,使工作质量成为竞争的标准。

第四节 敬业成就事业

包起帆为了干好装卸工,发明了一项项装卸工具,正是专心致力于事业的敬业精神,使他在平凡的岗位上做出了不平凡的贡献。成功的企业、成功的个人背后都有着一流的敬业精神作依托。

一、敬业与敬业精神

在社会主义市场经济条件下,随着人们职业观念的变化,择业自主性、自由性的增强,敬业精神的有无与强弱,直接关系到改革开放和现代化建设事业的兴衰。

(一)敬业

敬业就是要敬重你的工作。我们可以从两层去理解敬业。低层次来讲,敬业是对本职工作有个交代。如果上升一个高度来说,那就是把工作当成自己的事业,要具备一定的使命感和道德感。不管从哪个层次来讲,敬业所表现出来的就是认真负责,认真做事,一丝不苟,并且有始有终。一个人具有敬业精神,既要认真看待和把握所从事的工作,即起点敬业,又要在实际工作中尽职尽责,即过程敬业,更重要的还要按职业责任有效完成工作,即结果敬业。

(二)敬业精神

敬业精神是人们基于对一件事情、一种职业的热爱而产生的一种全身心投入的精神,是社会对人们工作态度的一种道德要求。它的核心是无私奉献意识。低层次的即功利目的的敬业,由外在压力产生;高层次的即发自内心的敬业,把职业当作事业来对待。

敬业精神是一种基于热爱基础上的对工作对事业全身心忘我投入的精神境界,其本质就是奉献精神。具体地说,敬业精神就是在职业活动领域,树立主人翁责任感、事业心,追求崇高的职业理想;培养认真踏实、恪尽职守、精益求精的工作态度;力求干一行爱一行钻一行,努力成为本行业的行家里手;摆脱单纯追求个人和小集团利益的狭隘眼界,具有积极向上的劳动态度和艰苦奋斗精神;保持高昂的工作热情和务实苦干精神,把对社会的奉献和付出看作无上光荣;自觉抵制腐朽思想的侵蚀,以正确的世界观、人生观和价值观指导和调控职业行为。

(三)敬业精神的构成

1. 职业理想

即人们对所从事的职业和要达到成就的向往和追求,是成就事业的前提,能引导从业者高瞻远瞩,志向远大。

2. 立业意识

即确立职业和实现目标的愿望。其意义在于利用职业理想目标的激励导向作用,激发从业者的奋斗热情并指引其成才方向。

3. 职业信念

即对职业的敬重和热爱之心,表示对事业的迷恋和执着追求。

4. 从业态度

即持续稳定的工作态度。勤勉工作,笃行不倦,脚踏实地,任劳任怨。

5. 职业情感

即人们对所从事职业的愉悦情绪体验,包括职业荣誉感和职业幸福感。

6. 职业道德

即人们在职业实践中形成的行为规范。

二、敬业与事业

朱熹说:"敬业者,专心致志以事其业也。"敬业的员工之所以受欢迎,不仅是因为他们能对企业负责,更重要的是,他们意识到了敬业是一种使命,是一种责任和精神的体现。不管从事什么工作,你都要热爱自己的工作,把工作看成自己人生的荣耀和使命,竭尽全力把它做好。敬业糅合了一种使命感和道德责任感,在当今社会已经成为一种最基本的做人之道,也是每个人成就人生事业的重要前提。

(一)敬业是事业成功的前提

荀子曾说过:"百事之成也,必在敬之。其败也,必在慢之。"假如,一个人不热爱自己的工作,必然不肯努力,结果自然不会有成就。许多成功人士认为"爱岗敬业"是自己成功的主要原因。爱岗敬业的人,能够创造更好的工作业绩,能够获得更多的发展机会,赢得更大的发展空间。从某种意义上说,敬业是事业成功的前提。

一个人只有热爱自己的工作或职业,才能开拓前进,取得成功。敬业,表面看起来是有益于公司,有益于老板,但最终的受益者却是自己。当"敬业"变成一种习惯时,每个人都能从全身心投入工作的过程中找到快乐,能从中学到更多的知识和经验,积累更多资源和人脉,为将来的事业打下坚实的基础。当"不敬业"成为一种习惯时,工作上的投机取巧只会给老板带来一点点的经济损失,但毁掉的却是自己的一生。老板喜欢敬业的员工,因为敬业是一名称职员工最基本的职业道德。尽职尽责,忠于职守,这是对企业知遇之恩的报答,也是使自己的理想得以实现的前提。

(二)敬业让人赢得尊重

最值得被敬重的,常常是敬业的人。阿尔伯特·哈伯德说:"一个人假使没有一流的能力,但只要你拥有敬业的精神,你同样会获得人们的尊重;即使你的能力无人能比,假设没有基本的职业道德,就一定会遭到社会的遗弃。"受人尊重会让我们的自尊心和自信心增加。不论我们的薪水多低,不论老板多么不器重我们,只要我们敬业,毫不吝惜地投入我们的精力和热情,渐渐地我们就会为自己的工作感到骄傲和自豪,就会赢得他人的尊重。有能力做一件事情是一回事,做好这件事情又是一回事,懒惰和缺乏激情的人,即使才华出众也未必能做好工作,平凡普通人士依靠自己的勤奋和忠诚倒是经常取得令人欣慰的佳绩。在这两种人的竞赛中,天平最终总是偏向能够做好事情的人。以主人翁的精神,认真负责地对待工作,不但能赢得别人的尊重,工作自然也会做得更好。

(三)敬业是一种使命

任何工作都是适应社会的需求而产生的,工作的存在是依附于社会的。工作的发展程度最终也取决于社会的发展,只有顺应了社会的需求,个人的工作才能取得长足的进步。至关重要的是,认真做好社会赋予我们的工作,竭尽全力做好本职,把敬业作为一种使命,我们才能最终享有社会发展的累积。敬业的员工之所以受欢迎,不仅是因为他们能对企业负责,更重要的是,他们意识到了敬业是一种使命,是一种责任和精神的体现。

不管从事什么工作,你都要热爱自己的工作,把工作看成自己人生的荣耀和使命,竭尽全力把它做好。毕业于美国西点军校、曾为通泰电子集团首席执行官的约翰·克林顿说:"我经常强调,在公司中无论你是什么身份,是贵为CEO,还是身为普通的员工,都要看重自己所从事的工作,否定自己的工作是个巨大的错误。"美国石油大王洛克菲勒,是一个对工作十分认真敬业的人。他的老搭档克拉克曾这样说过:"他有条不紊认真到了极点,如果有一分钱该归我们,他要拿来;如果少给客户一分钱,他也要客户拿走。"他自己也说过:"除了工作,没有其他任何活动能提供如此高度地充实自我、表达自我的机会,也没有哪项活动能提供如此强烈的个人使命感和一种活着的理由。"

三、培养敬业精神

培养敬业精神,要求正确处理和职业所联系的"责、权、利"关系。人们如何看待自己所从事的职业和岗位,是否认同和追求岗位的社会价值,是敬业精神的核心。如果没有任何认同,就不会有尊重和忠实于职业的敬业精神,而认可程度不同,也会产生不同的敬业态度。因此,培育敬业精神首先应从树立职业理想入手,突出以下几个方面内容。

(一)牢固树立职业理想

职业理想是敬业精神的思想基础。每位职工都应把自己的职业看成为社会做贡献,为人民谋福利,为企业创信誉的光荣岗位,看成社会、企业运转链条上的重要环节。只有这样才能树立起富有时代精神、健康向上的职业理想和目标,并以最顽强最持久的职业追求把它落实在职业岗位上。

(二)准确设定岗位目标

高标准的岗位目标是干好本职,争创一流的动力。有了岗位目标,才能做到勤业精业,在本职工作岗位上创造性地开展工作。

(三)大力强化职业责任

发挥本职和岗位的职能、保持职业目标、完成岗位任务的责任,遵守职业规则程序、承担职权范围内社会后果的责任,实现和保持本岗位、本职业与其他岗位职业有序合作的责任,是职业责任的全部内涵。职业责任是主人翁意识的体现,作为企业的一员应视企业发展为己任,自觉履行职业责任和义务。

(四)自觉遵守职业纪律

职业道德规范,企业的各项规章制度,是职业纪律的内容。精心维护、模范执行是维护企业正常工作秩序的重要保证。

(五)不断优化职业作风

职业作风是敬业精神的外在表现。敬业精神的好坏决定着职业作风的优劣,而职业作风的优劣又直接影响着企业的信誉、形象和效益。从某种意义上讲,职业作风关系到企业的兴衰成败,关系到企业的生死存亡。优化职业作风,就要反对腐败和纠正行业不正之风,以职业道德规范职业行为。

(六)全面提高职业技能

企业内部要营造浓厚的学习氛围,促使职工不断掌握新技术、新工艺,不断增加技术业务能力的储备,不断更新知识结构,不断提高管理水平,成为本单位的业务骨干和技术尖兵,以过硬的职业技能实践敬业精神,为国家做贡献,为企业创效益、树信誉、争市场。

第四章

高校学生职业理想素养

步入高校是人生旅途中的一个重要转折点。如何尽快成才,尽早掌握打开成功之门的钥匙,是每一位高校学生面临的重要课题。有道是青春与理想做伴,理想与未来相连。青春的风采为火热的时代绚烂绽放,青春的力量为伟大的目标紧紧凝聚。理想是人生目标的最高体现,是人生发展的内在动力,是人生前进的航标。21世纪科学技术突飞猛进,知识经济已见端倪,社会主义市场经济体制逐步完善,世界经济全球化的时代已经来临。时代为高校学生的成长、发展展示了广阔的前景,为高校学生人生理想的实现插上了奋飞的翅膀。而理想的实现必须有理想的职业做现实基础。当你步入五彩缤纷的世界,你会发现,随着社会的发展、历史的前进,生产社会化程度日益提高,社会分工越来越细,社会向各行各业的从业者提出了更高的职业要求。对于即将步入社会各行业的高校学生来说,要实现职业理想,必须以自己的能力、兴趣、气质和性格为依据,确定与之相适应的职业类型,才能演绎出丰富多彩的人生。为此,高校学生必须重视职业理想的树立,服从社会需要,脚踏实地,志在四方,艰苦创业。明艳的花儿浸透着奋斗者的汗水,成功者的背后是心血与智慧的付出!只有具有高度的社会责任感和历史使命感,辛勤耕耘,为实现职业理想而奋斗,才能创造出无愧于青春的价值。

第一节 理想与职业

理想是人生观的一个重要内容。它是人们在实践中形成的具有现实可能性的对未来的向往和追求,是人们的政治立场和世界观、人生观在奋斗目标上的表现。一般地说,它包括生活理想、职业理想、道德理想和社会理想四个方面。其中,职业理想在人们的社会生活中占有重要地位。青年人要十分重视职业理想的树立。这不仅因为职业是谋生的手段,生活的保障,同时也与实现人生价值密切相关。职业是人们发挥才能、完善自我、奉献社会的基本条件,能找到一份理想的职业,就为发挥聪明才智开了一个好头。因此,在选择职业时,要考虑到自己的特长、爱好,并且把它同社会需要紧密结合起来,从而唱响人生的主旋律。

一、什么是职业理想

(一)职业与职业理想

人类丰富多彩的社会生活,可以划分为公共生活、职业生活、家庭生活。人来到世间,经过青少年时代的学习、锻炼、选择,将步入社会,选择一份工作,从事一种职业,开始全新的社会生活。马文·塞顿·阿普尔在《未来热门职业 500 种》一书中写道:"无论男人或女人,只要有职业,就意味着他(她)的手中握着一张进入美好憧憬大厦的门票,就意味着把握了未来。得到并保住一个有发展前途的职业,已经成为每个人拥有未来优先权的筹码之一。"那么什么是职业呢?

所谓职业,就是人们在社会中所从事的某种具有专门业务和特定职责,并作为主要生活来源的社会活动。它包括两层含义:一方面,职业是一定的社会工作或劳动岗位,但并不是任何工作都能成为职业,某项工作只有变得足够丰富,足够重要,以至于能够吸引劳动者长期稳定地投入其中,并能够获得经济收入时,才能成为职业。另一方面,职业是劳动者获得的一种社会角色,劳动者必须按社会结构中这一角色的特定规范去行事,这便是"职"的本义职位、职责、权利与义务。前者是从社会分工体系的角度来认识职业,后者是从劳动者在一定劳动岗位上所具有的社会标记和行为角色来认识职业。职业是权利与义务的统一,是劳动岗位、社会工作与劳动角色、社会角色的统一。它与一般劳动和社会工作相比，具有社会性、稳定性、经济性、技术性、时代性等特点，对人生、对社会具有重要作用。

1. 职业是人生存和发展的基础

职业是个人获得经济收入的主要来源，是维持个人及家庭生活的手段。人们总是通过从事某种职业创造社会财富，又通过职业报酬获取社会财富的所有权和支配权，以满足自身生存发展的需要。这是职业最基本的功能。职业劳动不仅是人们谋生的手段，而且是实现物质追求的最正当、最合理、最有效的基础。

2. 职业是人们自我实现的有效途径

人生价值体现在事业的成就和对社会的贡献上，这就意味着对职业的选择具有非常重要的意义。尽管事业的成就和价值并不取决于职业本身，因为职业只不过是社会分工不同而已。但是成就事业往往离不开在职业岗位上的不懈努力和执着追求。人的一生，在很大程度上是以从事某种职业的方式参与社会实践的一生。一般说来，人们从投入职业生活到退出职业岗位，中间要经历40年左右。这40年，经过朝气蓬勃的青年期和年富力强的中年期，是人的智力最发达、体力最健壮、精力最旺盛的时期。人的职业生活每天按8小时计算，一生中要有10万多个小时。职业生活是人生活的主体，占据了人生的大部分时间，是人生中最宝贵的一段光阴，人只有投身职业才能实现自我价值。

3. 职业影响着个人的兴趣、能力、性格等

由于职业活动占据了人一生中的大部分时间和精力，便对人的修养、能力、处事原则等各方面素质提出了符合该职业特点的要求，从而促进人们相关能力的发展和提高，逐步形成从事某种职业的特定能力和素质。

4. 职业创造社会财富

职业能够促进社会进步和发展，也是达到理想彼岸所必需的途径和桥梁。由于职业所具有的重要作用，人们对于未来的职业常常充满了憧憬和向往，对达到什么样的成就充满幻想和追求。人们这种对于未来从

事的工作部门、工作种类以及成就达到何种程度的向往与追求,就是职业理想。

(二)职业理想及其形成

职业理想不是主观臆想的,是人们在主、客观条件的相互作用下,从小萌芽,并在实践中逐步形成的,是人成长到一定时期的产物。

总的来说,职业理想的形成和发展,一般经历四个阶段。

第一阶段,朦胧阶段。一般为儿童时期,尚未自觉思考未来的具体职业,只是处于混沌朦胧状态,充满天真烂漫的色彩,带有明显的模仿性。

第二阶段,幻想阶段。一般为少年时期,幻想将来成为所喜爱的职业人物,此时的职业理想受具体形象影响很大,带有明显的浅近性和易变性。

第三阶段,选择阶段。包括少年时期和大部分青年期,从兴趣、能力、价值观念出发选择职业,职业理想初步形成,但仍不稳定。

第四阶段,调整阶段。随着年龄的增长,特别是就业前后的一段时间,由于对职业的社会意义、种类、要求有了新的认识,于是对职业理想进行一些调整。此时的职业理想具有深刻性、自主性和相对稳定性。

二、职业理想的特征和作用

(一)职业理想的特征

职业理想是理想一个方面的具体表现形式,它既具有理想的共同点,又有自己独特的个性。职业理想具有如下特征。

1. 客观性和超前性

职业理想的产生不是人们的随意所想,也不是不切实际的空想和幻想,而是人的意识对客观现实的超前反映,是与社会实践紧密相连的。一个人不是生下来就有职业理想,它是人生达到一定时期的产物。由于它是人在一定时期对于未来职业的一种向往、追求,不是当前的客观现实,因而具有超前性。

2. 自主性和个体性

一个人职业理想的形成往往受自身生活环境的制约。每个人的生活环境各不相同,学校、教师、家庭、亲友都在自觉不自觉地影响着一个人世界观、人生观、价值观的形成,他就成了一个独特的个体。由他对自身经验、文化知识、社会趋向等综合平衡后形成的职业理想,就具有鲜明的个性特征和自主色彩,而异于他人。

3. 现实性和时代性

由于人的职业理想是人为之奋斗的目标,是建立在客观现实的基础上,并通过现实途径来实现的,因而具有现实性。职业还具有时代性,不同历史时期、不同年代有不同的热门职业,任何人都与时代紧密相连,既不能超越时代,也不能落后于时代。因此,人的职业理想也具有时代性。在原始社会,人的理想是解决温饱,在封建社会,士大夫们的职业理想是进身科举、升官发财,农民的职业理想是拥有自己的一块土地,祈求风调雨顺、五谷丰登。在人类已跨入 21 世纪的今天,科技飞速发展,市场经济如火如荼,信息网络正改变着人们的生活,人的职业理想就会有网络工程师、电脑专家、宇航员等,具有浓厚的时代色彩。

4. 相对的稳定性

人的职业理想一经形成,就相对稳定。人们就会为实现职业理想做准备,学习一定的职业技能、职业知识,锻炼职业及相关能力。但随着社会主义市场经济体制逐步完善,国家产业结构调整加快,人们也要适应职业调整的需要,使自己成为复合型人才。

5. 方向性和目的性

职业是人维持生活、发展个性的手段。人的职业理想往往具有明确的方向性和目的性,而不是可望而不可即的。一个高校的学生,从刚入校门起,就应该确定下自己的职业理想,学好自己的专业,毕业后靠自己的辛勤劳动实现职业理想。

(二)职业理想的作用

恩格斯说:"有所作为是人生活的最高境界。"人要不虚此生,干一番

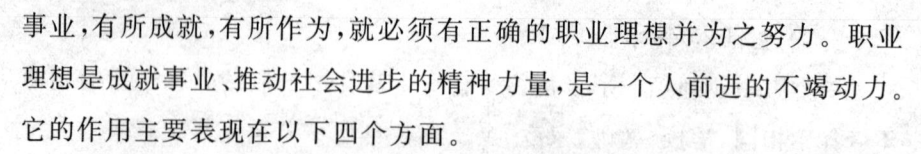

事业,有所成就,有所作为,就必须有正确的职业理想并为之努力。职业理想是成就事业、推动社会进步的精神力量,是一个人前进的不竭动力。它的作用主要表现在以下四个方面。

1. 职业理想为人生指明了前进的方向

职业理想作为人们从事某种职业的志向和追求,它表现在两个方面:一是对未来要从事的职业所表示出的倾向性;二是在职业生活中追求的奋斗目标。人们一旦选择了目标,就会顽强地奋斗,并在争取成功的道路上焕发出更大的智慧之光。坚定的职业理想,为充实的人生指明了方向。

2. 职业理想是人生前进的动力

伟大的力量是为了伟大的目的而产生的,人只要确立了正确的目标,就会产生为之奋斗的巨大动力,创造意想不到的业绩。

3. 职业理想是成就事业的先导

人生价值是表示个人与社会关系的范畴,投入职业生活是实现个人与社会结合的一种重要手段。职业不仅为成就事业奠定了物质基础,而且为实现自我价值提供了宽广的舞台,为劳动创造提供了基地。由于人生价值是与职业联系在一起的,你要想展现自己的智慧和才华,发挥自己的潜能,实现自己的人生价值,必须积极投身于火热的生活,具有明确的职业理想的指导,通过职业的方式,踏着职业的扶梯,并在职业岗位上不懈地努力。所以职业理想是成就事业的先导,古今中外,无数事实证明了这一点。

4. 职业理想是推动社会进步的精神力量

人都是社会的人,都不能脱离社会而孤立存在。人生价值的实现体现在成就的事业中,更体现在对社会的责任和贡献中。一个社会是由一个个职业所构成的网络,职业的存在构成了人类社会的存在,只有人们各司其职,在各自的岗位上努力工作,相互协调,密切配合,社会才能运转。人在职业岗位上劳动着、实践着、创造着社会财富,在实现自我价值、职业理想的同时,也为社会做着贡献,能动地改造着自然,改造着社会,促进和推动生产力的发展,推动着社会不断进步。

三、树立正确的职业理想

列宁说过:人需要理想,但需要人符合自然的理想,而不是超越自然的理想。任何人的理想都离不开现实而存在。正如马克思在《青年选择职业时的考虑》一文中所说,在选择职业时,我们应遵循的主要指针是人类的幸福和我们自身的完美。因此,树立正确的职业理想必须坚持以下原则。

(一)服从社会需要

服从社会需要,就是在就业时处理好个人与社会需要之间的关系,把社会需要放在首位。因为,人作为组成社会的个体,只有在社会中才有意义,脱离了社会,个人连生存都不可能。所以,个人作为社会的一员,为社会作出贡献是义不容辞的责任和义务。同时个人只有选择了社会最需要又能充分发挥自己专业才能的职业,才能在事业中取得成就,为社会作出贡献,实现自己的人生价值。

(二)有利于发挥自己的潜能

我们在进行择业决策时,应当重点考虑有利于发挥自己专业优势和特长的职业。只要充分认识自己,扬长避短,以社会需要为己任,就"英雄必有用武之地"。同时充分发掘和表现自己的潜能是事业成功的关键。人自身存在着巨大的潜力,现代科学研究表明一般健康的人只使用着个体潜能的极少一部分,人实际蕴藏着的潜在能力是我们现在正在使用能力的 10 倍以上。我们所认识到的人的能力,就仿佛是露出海平面的冰山一角,剩下的 90% 都在海水下面深藏未露。如果我们能够认识到自己具有巨大的潜能,并坚持充分发挥潜能的原则,对于择业和从事职业活动都具有重要的现实意义和长远意义。

(三)为基层和农村服务,学以致用

基层和农村是一个广阔的天地,为人才的成长提供了宽广的舞台,基

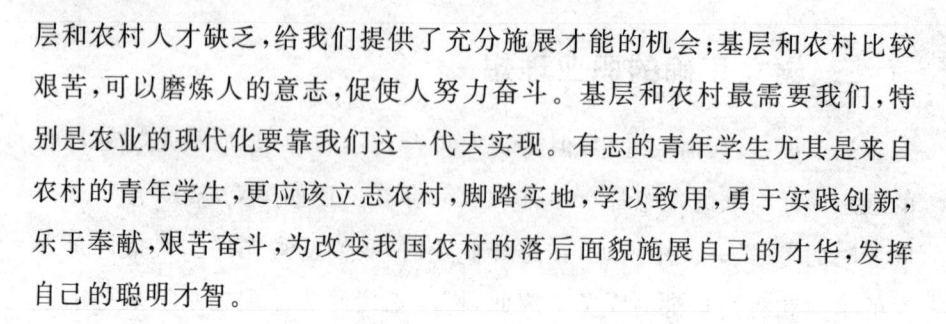

层和农村人才缺乏,给我们提供了充分施展才能的机会;基层和农村比较艰苦,可以磨炼人的意志,促使人努力奋斗。基层和农村最需要我们,特别是农业的现代化要靠我们这一代去实现。有志的青年学生尤其是来自农村的青年学生,更应该立志农村,脚踏实地,学以致用,勇于实践创新,乐于奉献,艰苦奋斗,为改变我国农村的落后面貌施展自己的才华,发挥自己的聪明才智。

(四)可行性

我们在择业决策时,不能好高骛远,应当综合考虑自己各方面的条件和社会的现实需要,如自己的学识水平、专业技能、能力倾向、个性特点和身心素质、社会需要等,经过综合考虑,反复比较,使自己的素质、意愿与社会需要相符合,才具有可行性。

总之,只要对自己有清醒的认识,找准自己的优势和不足,扬长避短,遵循上述原则,充分正确运用信息,树立职业理想,确定职业目标,就能找到适合自己的职业岗位。

第二节 职业概述

五彩缤纷的世界,演绎着五彩缤纷的人生。经济全球化浪潮和知识经济的到来,使社会分工越来越细,社会职业越来越多。青年选择理想职业的前景越来越宽广,实现人生价值的有利条件也越来越多。

一、职业的演变与发展

(一)职业的产生与演变

人类要生存,社会要发展,首先要解决衣食住行的问题,需要从事各种生产劳动,有的做工,有的务农,有的经商,有的执教,社会有各行各业。职业是特定的社会分工形成的具有专门业务和特定职责的社会活动,它的产生、演变、发展是一个历史过程。

职业是社会分工的产物。在人类历史的最初阶段，社会上还没有形成专门的职业。那时社会的分工是纯自然的，只存在于两性之间。人类最早的劳动，是按性别分工的，男的打猎、捕鱼、作战，女的管家、采果、种地，所以不存在职业。随着生产力的发展，在原始社会末期，相继出现了第一次社会大分工，即畜牧业和农业（包括家庭手工业）的分离，第二次社会大分工，即手工业和农业的分离，农业、手工业、畜牧业开始成为专门的职业，人们开始了处于萌芽状态的职业生活。进入阶级社会后，又产生了第三次社会大分工，即出现了专门经营交换的商业。同时，脑力劳动与体力劳动开始分化，各种各样的职业就产生了。我国战国时期成书的《周礼·考工记》，概括了当时的职业分工，即"国有六职"：王公，指发号施令的统治者；士大夫，指负责执行的官吏；百工，指各种手工业工匠；商旅，指商人；农夫，指种田人；妇织，指纺织的妇女。

人类社会的职业，随着生产力的发展，生产关系的变革和社会生活的日趋复杂，社会分工越来越细，职业也越来越多。周朝的所谓"百工"，就是技艺匠人的总称，到了隋朝，行业有100多个，比周朝时增加了一倍多。到了宋朝，行业则达200多个，比隋朝又增加了一倍多，到了明朝，行业增至300多个，人称"三百六十行"。经过2000年的发展历程，经过无数次的分化组合，形成了现代社会的种种职业。目前，全国各种职业的总数已发展到1万种左右。

职业是随着生产力的发展而发展的，不是一成不变的。随着时代的发展，旧的职业不断消亡，新的职业不断产生。人类进入20世纪以后，由于科学技术的发展，出现了航空航天业、电子科学、基因生物科学等，涌现出许多新的职业，如宇航员、电子商务、网络工程师、遗传学家、电脑专家等，一些旧的职业，如马车信差等则逐渐消亡。

（二）职业发展的趋势

1. 种类增多

社会分工越来越细，新职业不断涌现，社会职业种类越来越多，前述

"百工"的发展就说明了这一点。

2. 专业性增强

职业的专业性增强,并呈现综合化、多元化趋势。随着科学技术的发展,一些职业的专业性越来越强,从业者若不具备一定的专业能力,就不能适应职业的要求。例如,缺乏现代电子技术,尤其是计算机技术的人,很难胜任电信行业的工作。此外,现代社会职业开始向综合化、多元化方向发展,打破了以往每种职业都有相对固定范围的界限,职业与职业之间相互交叉延伸。在市场经济条件下,很多企业为了生存和发展,也一业为主,多业并举,这些企业的工作人员往往在一个岗位上要同时具备几种职能、几种身份。

3. 第三产业发展

社会职业结构变迁越来越快,第三产业数量大量增加。纵观人类社会的历史,产业结构和行业结构的变迁速度逐渐加快。从农业革命到工业革命经历数千年,而工业革命到20世纪新的产业革命只有200多年。在这200多年的时间里,不但有新的行业出现,而且各行业主次地位的变化也越来越快。工业革命时期,主要行业是纺织业,直到进入20世纪,钢铁、汽车和建筑业才先后超过纺织业。然而,电子行业从产生、发展到成为一个重要行业,只用了几十年时间。现代信息产业的发展就更迅猛。

我国随着经济结构调整步伐的加快,第三产业发展势头强劲,从业人数比重逐年增加。

4. 脑力劳动比重增加

脑力劳动职业在社会职业总额中所占比重越来越大,职业活动的内容不断更新。从历史上看,脑力劳动者远比体力劳动者少。但随着科技、教育、文化事业的发展,脑力劳动者逐渐增多。进入20世纪后期,脑力劳动者的职业在社会职业总额中所占比重越来越大。职业活动的内容也发生了很大变化,如同样是建筑设计师,过去是用图板、尺子、圆规等手工绘制图纸,现在是运用计算机绘制,迅速准确,省时省力,大大提高了工作效率。

5. 职业流动频繁

从业者不再"从一而终",职业流动越来越频繁。随着社会主义市场经济的逐步完善,我国的劳动人事制度发生了根本变化。人力资源像物质资源一样通过市场机制进行配置和调节,双向选择、自主择业成为就业的主要方式。这使人们的就业观念发生了很大变化,从一而终的就业观念被打破,职业流动为促进劳动者全面发展、发挥特长和潜能提供了良好条件。

二、职业的分类

(一)职业分类的含义

所谓职业分类,就是对不同性质职业的划分。在生产力水平不断提高,社会经济发展步伐日益加快的今天,职业分类在劳动力就业、职业培训、人口统计和经济预测等领域的作用日益明显。职业分类一般按从事社会劳动的不同内容、手段、方法、环境、劳动消耗量等标准进行。由于各国的国情不同,划分职业的标准也有所不同,而且随着科学技术的发展,产业结构的变化和新兴职业的产生,职业分类的标准、内容和方法也会不断发生变化。

(二)现代职业的种类

1. 国外职业

国外职业分类主要有三种形式。

(1)按照脑力劳动和体力劳动的性质、层次进行分类。这种分类方法把从业人员分为白领人员(脑力劳动者)和蓝领人员(体力劳动者)两大类,明显地表现出职业的等级性。

(2)按照职业活动及职业角色接近的程度进行分类。这是现代社会中较为普遍的一种分类方法。国际劳工组织于1958年组织制定了《国际标准职业分类》,将职业分为8个大类、83个小类、284个细类、1506个职业项目,共列出1881个职业。其中8大类是:专家、技术人员及有关工作者;政府官员和企业经理;事务工作者;销售工作者;服务工作者;农业、牧业和林业工作者,渔民和猎人;运输设备操作者和劳动者;不能按职业分类的劳动者。

(3)按照心理的个体差异性进行分类。这种分类方法将人的个性划分为:现实型、研究型、艺术型、社会型、企业型、常规型6种类型。与个性类型相对应的是6种职业类型。这6种个性、职业类型构成一个正六边形,相邻的两种类型可以相互渗透组成中间类型,如研究—艺术型、艺术—研究型等。这种分类方法是由美国的职业指导家霍兰根据人格—职业类型匹配理论创立的。6种典型个性与职业的对应关系如下。

①现实型

身体强健,作风粗犷;喜欢用工具工作,尤其喜欢操作大型机器;手脚灵活,动作协调,喜欢用手去创造;情绪稳定自然,有吃苦耐劳精神,喜欢具体事物而不喜欢抽象问题,注意实利等。现实型职业:主要是运用手工工具或机器进行熟练的手工作业和技术工作,如木匠、产业工人、运输工作等。

②研究型

追求独立与自由的工作,乐于解决抽象问题,宁愿思考而不太愿动手;喜欢怀疑,对事物保持高度的好奇;不喜欢重复性的劳动,对自己的学识和才能充满自信;有时孤僻,不喜欢大型的社交场合等。研究型职业:主要是科学研究和实验工作。

③艺术型

感情丰富、敏感、易激动;富有想象力;理想主义,常不切实际;善标新立异,爱表现等。艺术型职业:主要是艺术创作方面的职业,如作家、音乐家、书画家、演员、摄影师等。

④社会型个性

喜欢与人打交道,善于理解人,喜欢合作,友好、开朗、慷慨、助人为乐,关心他人,有责任心;语言表达能力较强,喜欢引人注目,通过调整人际关系来解决问题等。社会型职业:主要是为别人办事的工作,如教师、医生、护士、服务员、社团工作者、思想政治工作者等。

⑤企业型

自信,敢冒风险;好争爱辩,精力充沛,善于交际,乐于在一个团体里工作,常把自己看成好的带头人,性格开朗等。企业型职业:主要是领导别人、管理企业、说服别人去干某事的工作,包括管理、销售方面的职业。

⑥常规型

求同,又喜欢怀疑;细心谨慎,讲究准确;喜欢有明确规定的事情,喜欢有计划地按时工作,有条不紊,忠实稳当,切合实际,冷静等。常规型职业:日常事务的办公室工作、档案工作、统计、与货币打交道的工作。

2. 国内职业

国内职业分类也有以下三个层次。

(1)按三类产业分类

把各类职业划分为三个产业,即第一产业、第二产业、第三产业。各国对三个产业的划分标准和角度不完全一致,我国三个产业的划分是:第一产业,农业(包括林业、牧业、渔业等);第二产业,工业和建筑业;第三产业,除第一、第二产业以外的其他各业,主要包括流通部门、服务部门。第三产业,具体又可分为四个层次。第一层次:流通部门,包括交通运输业、邮电通讯业、商业饮食业、物资供销和仓储业。第二层次:为生产和生活服务的部门,包括金融、保险业、地质普查业、房地产、公用事业、居民服务业、旅游业、咨询信息服务业和各类技术服务业等。第三层次:为提高科学文化水平和居民素质服务的部门,包括教育、文化广播电视事业、科学研究事业、卫生、体育和社会福利事业等。第四层次:为社会公共需要服务的部门,包括国家机关、党政机关、社会团体及军队、警察等。

(2)按国民经济行业分类

农、林、牧、渔业,采矿业,制造业,电力、热力、燃气及水生产和供应业,建筑业,批发和零售业,交通运输、仓储和邮政业,住宿和餐饮业,信息传输、软件和信息技术服务业,金融业,房地产业,租赁和商务服务业,科学研究和技术服务业,水利、环境和公共设施管理业,居民服务、修理和其他服务业,教育、卫生和社会工作,文化、体育和娱乐业,公共管理、社会保障和社会组织,国际组织。

(3)按照从业人员工作性质进行分类

2021年由人力资源社会保障部、国家市场监督管理总局、国家统计局联合启动修订的《中华人民共和国职业分类大典》,按照以"工作性质相似性为主、技能水平相似性为辅"的分类原则,将我国职业分类体系调整为8个大类、79个中类、449个小类、1636个细类。其中8个大类是:党的机关、国家机关、群众团体和社会组织、企事业单位负责人,专业技术人员,办事人员和有关人员,社会生产服务和生活服务人员,农、林、牧、渔业生产及辅助人员,生产制造及有关人员,军人,不便分类的其他从业人员。

三、社会对人才需求的多样化

现代社会是由各行各业组成的,没有各种各样的职业和行业,也就没有社会物质生活和精神生活。如果某一职业无人愿干,社会生活就会受到影响。社会职业的多样化决定了它对劳动者需求的多层次、多规格。在社会主义现代化建设中,对劳动者的需求也是多层次、多规格的,有什么样的职业存在,就需要什么样的劳动者。每一个职业,都是国家机器上的一个不可缺少的部件,社会职业只是社会分工的不同,并无高低贵贱之分。

21世纪,我国既需要发展知识密集型产业,也仍然需要发展各种劳动密集型产业,经济发展和社会进步对人才的要求是多样化的,这是我国的国情和经济社会发展的客观要求。随着改革开放的深入发展,社会主义市场经济体制的逐步完善,为青年选择自己的理想职业提供了广阔的天地和更多的机遇。

三百六十行,行行出状元。人才的成长是多方面的,人才的成长最终要在社会的伟大实践和自身的不断努力中来实现。在不同的职业岗位上经过努力,都能成才。如今各类民营企业得到大力发展,社会对人才的需求也日益多样化。据调查,民营企业急需懂管理、会经营的营销管理人才；工作严谨负责、能吃苦耐劳的熟练技工；能说会道、学识全面的策划人才；擅长商贸会话、商业谈判的外交人才以及法律人才、企业管理人才、广告设计人才、会计、统计类人才。而在网络时代，软件工程师、游戏设计师、网络安全专家、在线经纪人、首席信息经理、远程医疗大夫将成为紧俏人才。我国在21世纪不断加快城市化进程，推进小城镇建设，实施西部大开发，新的行业不断涌现，人才的需求层次更多更丰富。广大农村在加快社会主义新农村建设进程中，将需要大批的医疗卫生人才、食品加工人才、种植养殖能手等。可以相信，面对宽广的社会舞台，高校的学生是可以大有作为的。

第三节 认识自我

社会主义市场经济体制的逐步完善，促进了我国社会劳动就业制度的深刻变革。这既为我们提供了广阔的从业空间，也提出了严峻的挑战。面对新的就业形势，要培养全新的就业观念，确立行业无贵贱的职业观，正确认识自我，克服择业挑三拣四的倾向，努力适应社会的需要。一个有志青年，一定会响应党和国家的号召，到社会、人民最需要的地方去，找到理想的人生坐标，敬业奋斗，迎接光辉灿烂的人生。

一、正确认识自我

古人云："知己知彼，百战不殆。"只有正确地认识自己，评价自己，以自己的能力、兴趣、气质和性格为依据，确定与之相适应的就业类型，才能找到适合自己的职业岗位，实现自己的职业理想。

（一）能力与职业选择

1. 能力的含义

能力是指直接影响活动效率、顺利完成某种活动的个性心理特征，是人们能够胜任某种工作或完成某种任务的主观条件，它是知识和智力的具体运用。人的能力有大小之分，人们总是从完成某种活动的角度来理解和考察一个人的能力的。

人的能力可分为一般能力和特殊能力两种。一般能力是指完成任何活动都需要的能力，如观察力、注意力、记忆力、思考力和创造力等。特殊能力则是完成专业活动所需要的能力，又称专业能力。任何一种职业都要求一定的专业能力。专业能力包含职业活动所必需的知识和技能，它是在职业活动中发展起来的，直接影响职业活动的效率。职业能力是专业技能、专业知识和多方面素质的综合反映。专业知识是人类进行各种职业活动的经验总结和概括；专业技能是人们在长期职业活动中逐步形成的熟练操作方式。

2. 职业能力类型与职业选择

我国学者把职业能力分为七种类型，如表4-1。

表4-1 职业能力类型及其职业适宜性对照表

职业能力类型	特点	适应的职业类型
操作型职业能力	以操作能力为主运用专业知识或经验，掌握特定技能或工艺，并形成相应的职业技能与技巧的能力	打字、驾驶汽车、种植、操纵机床、控制仪表
艺术型职业能力	以想象能力为核心，运用艺术手段再现社会生活和塑造某种艺术形象的能力	写作、绘画、演艺、美工
教育型职业能力	运用各种教育手段传授知识与思想或组织受教育者进行知识与态度学习的能力	教育、宣传、思想政治工作
科研型职业能力	以人的创造性思维为核心，通过实验研究、社会调查和资料检索等手段进行新的综合、发明与发现的能力	研究、技术革新与发明、理论创新
服务型职业能力	以敏锐的社会知觉能力和人际关系协调能力为主，借助人际交往或直接沟通使顾客获得心理满足的能力	商业、旅游业、服务业等
管理型或经营管理型	以决策能力为核心，能够广泛获得信息，并有独立地做出应变、决策或形成谋略的能力	经理、厂长、主任等管理领域及各行各业负责人
社会型职业能力	以人际关系能力为中心，深谙人情世故，能够掌握人际吸引规律，善于周旋、协调且能使对方通力合作的能力	联络、洽谈、调解、采购

职业能力与职业选择的关系十分密切，只有选准了与自己职业能力

相适应的职业,才能更充分地发挥自己的聪明才智,搞好本职工作。歌德说:"在我平生每一个发展阶段或时期,我的最高理想从来不超过我当时的力所能及。"所以说,正确认识自己的能力特性,根据自己的一般能力和特殊能力选择适合自己的职业岗位是十分重要的。

3. 职业能力的测试与判断

职业能力的测试,通常用下面两种方法进行。

第一,活动评定法。通常是通过校内外、课内外的比赛、考评、演讲、表演等活动来进行,可邀请老师、同学以及亲友们担任评委,帮助自己评定一下在某一方面的能力水平如何。

第二,量表测试法。通过量表对自己进行测定,这种量表往往是有关专家已经制好,只要针对提问进行回答即可。现请你根据自己的实际情况,对下面的每一项活动作出自我评价。

通过自测表可以看出每个人的能力倾向。这种能力倾向不是一成不变的,只要刻苦学习,不断提高自身素质,较弱的能力倾向会变得越来越强。不同的职业对人的能力倾向要求也不一样。通常人们根据职业活动的特点,把能力倾向分为三大类:一是以学习认知能力为主要倾向的职业,如科学家、哲学家、文学家、艺术家等,以脑力劳动为主要特征。二是以实际操作能力为主要倾向的职业,如工农业生产、建筑业、交通运输业等,多以体力劳动为主要特征,工作性质主要与"物"打交道。三是以社会交往能力为主要倾向的职业,如社会服务、文化教育、经营管理等,主要工作对象是与人打交道。

(二)兴趣与职业选择

1. 兴趣的含义

兴趣,是一个人为求认识、掌握某种事物,并经常参与该项活动的心理倾向。一个人对某种职业感兴趣,就会乐于从事这种职业,就会在兴趣的推动下,不断探索追求而取得成功。可以说,谁找到了自己感兴趣的职业,谁就有可能踏上成功的道路。因此,兴趣是人选择职业的重要因素之一。

2. 职业兴趣类型与职业选择

职业兴趣类型分为十种,各类型特点是:

(1)愿与事物打交道;

(2)愿与人接触;

(3)愿干有规律的工作;

(4)愿从事社会福利和助人工作;

(5)愿做领导和组织工作;

(6)愿研究人的行为;

(7)愿从事科学技术工作;

(8)愿从事抽象的创造性工作;

(9)愿从事操纵机器的技术工作;

(10)愿从事具体的工作等。

学生在选择职业时,可根据职业类型和自己的兴趣特点作出相应的抉择。但在现实生活中,往往会产生个人愿望与社会需要不一致的情况。我们要认识到,社会现在达不到让所有劳动者自由选择职业的程度,同时,个人的兴趣爱好是可以转移和培养的,我们应当无条件地服从社会需要,并从社会分工的实际出发转移自己的兴趣和爱好,在岗位上努力培养自己的兴趣和爱好,使自己尽快成为本职工作的行家,以自己的平凡劳动为社会作出贡献。

(三)气质与职业选择

1. 气质及其类型

气质,是心理活动力方面的特征。心理活动力特征,是指心理过程产生和进行的速度、强度、稳定性、灵活性和指向性等方面的特点。人的气质差异就表现在人的心理活动力特征的差异。例如,有的人的情绪活动发生得快而强,表现非常明显;有的则慢而弱,表现很不明显;有的是快而弱的表现明显;有的则是慢而强,表现却很不明显。他们的表现不同,是因为他们具有不同的气质。人们一般把气质分为四种类型,其在情绪和行为上的典型表现如下。

胆汁质的人,情绪兴奋快而弱,行动迅速有力却不灵活,易激动、急躁、发怒、心境变化剧烈等。

多血质的人,情绪兴奋快而弱,性情活跃,外部表现明显,反应迅速,善于交际,但易于变换印象和心境等。

黏液质的人,情绪兴奋慢而弱,表现也不明显,安定、冷静、内向、固执、冷漠等。

抑郁质的人,情绪兴奋慢而强,表现较弱,行动不够灵活,易受伤害,好静,内向,但体验深刻有力,持续性强等。

把一切人的气质都纳入四种类型之中是不确切的,因为只有少数人属于这四种类型的典型代表,大多数人的气质类型都属于混合型的。了解了气质类型及其特征,只是可以大致判断出一个人的气质倾向,对于选择职业有一定的参考价值。

2. 职业气质类型与职业选择

不同的职业对人的气质要求不同。根据国外职业分类规范和国内心理学界的研究成果,职业气质可分为12种类型:

(1)变化型

这些人在新的意外的活动或工作环境中感到愉快,喜欢工作内容经常有些变化。在有压力的情况下,他们的工作往往很出色。他们追求多样化的活动,善于将注意力从一件事转移到另一件事上。典型的职业有记者、推销员、采购员、演员、公安消防员等。

(2)重复型

这些人适合连续不断地从事同样的工作,喜欢按照一个机械的、别人安排好的计划和进度办事,爱好重复的、有计划的、有标准的工作。典型的职业有纺织工、印刷工、电影放映员、机械工及中小学教师等。

(3)服从型

这些人喜欢按别人的指示办事,不愿意自己独立作出决策,而喜欢让别人对自己的工作负起责任。典型的职业有秘书、办公室职员、翻译人员等。

(4)独立型

这些人喜欢计划自己的活动或指导别人的活动,在独立的和负有责任的工作环境中感到愉快,喜欢对将要发生的事情做出预测。典型职业有管理人员、律师、警察、侦察人员等。

(5)协作型

这类人在与别人协作工作时感到愉快,善于让别人按自己的意愿办事,也能按别人的意愿办事,很想得到同事的喜欢。典型的职业有社会工作者、咨询人员等。

(6)孤独型

这些人喜欢单独工作,不愿与人交往,较合适的职业有校对、排版、雕刻等。

(7)劝服型

这些人喜欢设法让别人同意自己的观点,一般通过谈话和写作来表达思想,对别人的反应有较强的判断力,且善于影响他人的态度、观点和判断。典型职业有政治辅导员、行政人员、作家、宣传工作者等。

(8)机智型

这些人在紧张和危险的情况下能很好地执行任务,能自我控制,镇定自如,在意外的情况下工作得很出色,事情出了差错也不易慌乱。典型职业有驾驶员、飞行员、公安员、消防员、救生员、潜水员等。

(9)经验决策型

这些人喜欢根据自己的经验作出判断,当别人犹豫不决时,他们能当机立断,喜欢处理那些能直接经历或感觉到的事情,在必要时,用直接经验和直觉来解决问题。典型职业有采购、供应、批发、推销、个体摊贩和农民等。

(10)事实决策型

这些人喜欢根据事实作出决定,根据证据来下结论,喜欢用调查、测验、统计数据来说明问题、引出结论。典型职业有化验员、检验员、自然科学研究者等。

(11)自我表现型

这些人喜欢表现自己的爱好和个性,喜欢根据自己的感情来作出抉择,通过自己的工作来表达自己的理想。典型职业如演员、诗人、音乐家、画家等。

(12)严谨型

这些人注重细节的精确,按一套规则和步骤尽可能将工作做得完美。典型的职业如会计、出纳、统计、档案管理员等。

二、树立正确的就业观

树立正确的就业观对人生至关重要,由于职业教育的特点,职业院校学生一进校门,基本上都已确定了未来从事的职业和种类,关键是破除陈旧的就业观,正确认识就业形势,更新就业观念,树立正确的就业观。

(一)审视就业形势,科学决策

当前和今后一个时期,我国大中型企业就业形势十分严峻。但是,改革中也孕育着机遇。世界经济已进入全球化时代,技术的发展迅速。这些会带来新职业、新岗位的需求。但这不是从天而降的馅饼,它只青睐高素质的劳动者。

(二)更新就业观念

认清就业形势,更新就业观念,就要树立自主就业意识,把握各种就业机遇。作为职业院校毕业生应树立新的就业观。

1. 就业风险观

在市场经济条件下,企业的生存和发展充满风险,劳动者的就业也必然充满着风险,企业破产、单位减员、经济不景气以及新生劳动者对现有劳动者的淘汰等,是市场经济的特点所决定的。因此,要树立起就业风险观。

2. 就业竞争观

能者上、庸者下、优胜劣汰,是市场经济发展的客观要求。百舸争流勇者胜,我们要努力提高自身的素质,掌握一技之长或多技之长,增强自己的竞争实力,积极参与市场竞争,以实现自己的职业理想。

3. 多元化、多形式的就业观

任何劳动者,不管你从事的职业是固定的还是临时的;也不管你是在国有企业,还是在民营企业;不管你是老板还是打工仔,只有岗位不同,没有贵贱之分。要摒弃所有制身份等级思想,树立多元化、多形式的就业观。只要是在国家政策和法律允许的范围内,不论是在何种岗位上工作,都是光荣的,都能为社会作出贡献,从而实现自己的人生价值。市场经济社会职业流动将是一种普遍现象,从一而终的就业观念必须打破。

4. 终身教育观

"学业"和"技能"是求职就业的基础和前提。随着时代的发展,特别是知识经济的来临,知识和技能的更新将空前迅速。失业,一般是对劳动者现有知识或技能的淘汰,再就业则意味着需要更新现有知识和技能。就业不是学习生活的终结,而是一个新的学习阶段的开始。只有在工作岗位上不断根据社会需要吸收新知识,不断调整知识结构,培养新的能力,才能顺利就业、择业。因此无论是提高全体劳动者的素质,还是维持已有工作岗位或失业后的再就业,都应树立终生接受知识教育和技能培训的观念。伴随着不断地流动和择业,终身学习和终身接受教育将成为每个人的需要。

5. 终身职业生涯发展观

所谓职业生涯,就是一个人一生的职业路程。人的生命价值基本上是通过职业劳动体现的。因此,从某种意义上说,职业生涯就是一个人的人生历程。根据职业历程,职业生涯一般分为五个时期:职业准备期——确立职业意向,进行知识、能力、心理、体力等准备,等待就业;职业选择期——实际选择职业,由潜在的劳动者变为现实的劳动者;职业适应期——适应新的人际关系、生活环境和生活方式,职业生活逐渐安定;职业稳定期——从事职业劳动、创造业绩、成就事业的黄金期;职业结束期——由于年老体弱或其他原因,丧失了职业能力或职业兴趣,从而结束职业生活历程。对于我们高校学生来说,职业准备期和职业选择期特别重要。前者是实现职业理想、顺利进入职业生活的基础和保障,职业准备必须充分;后者是迈向职业生活的开端,成功的职业选择等于开辟了充满希望的生活之路,失败的职业选择等于给自己设置了前进的障碍,潜伏下未来职业生活的危机,因此职业选择必须慎重。由于职业流动和不能适应原职业而产生的失业等原因,人的职业选择可能不止一次,甚至会出现"准备——选择——适应——稳定——结束"的反复。所以职业稳定也是相对的,只有树立终身职业发展观,才能在职业挫折面前克服失落、痛苦等不良情绪,以积极、乐观的心态面对现实,积极准备,审时度势,把握机遇,开拓自己职业发展的新道路。

6. 爱岗敬业观

今天工作不努力,明天努力找工作。不论我们在学校或在今后的工作岗位上,都要树立敬业、勤业、乐业、创业的职业观,做到"干一行,爱一行,专一行"。只有这样,才能保住你的工作岗位,才能为社会作出应有的贡献。

第四节　责任与未来

在漫漫人生道路上,人们要和自然、社会、他人发生各种各样的联系,彼此之间相互制约、相互影响,从而使人的一生产生各种各样的关系和责任。当代青年要正确处理好个人与集体、个人与社会、个人价值与社会价值以及个人理想和共同理想的关系,遵纪守法,认认真真做人,立志求学成才,以爱国报国为己任,开拓人生的美好未来。

一、正确认识社会

社会是由人构成的。任何人都是在特定的民族、社会环境中生存的。这是与生俱来就决定了的。每个人都在所属的民族、国家、社会物质和文化生活的哺育下成长,很自然地使这个人在思想上产生了一种很深厚的对国家发展的依赖感。祖国的兴衰安危与一个人的成长息息相关,国家兴亡,匹夫有责。一个人要实现自我、完善自我,必须千方百计地使自己的国家兴旺发达。个人在实现自我、完善自我的过程中,把自己的力量奉献给了祖国、社会,他就会很自然地与社会、祖国的发展联系起来,因为祖国的发展包含着自己的心血、有自己的贡献、有自己的劳动。同时,个人的自我实现、自我完善离不开国家社会发展的需要,只有把个人的目标与国家发展的目标结合起来,通过为国家创造价值的方式去谋求自我价值的实现,谋求自我完善,这才是真正的完善自我,是真正的人生价值的实现。所以,社会连着你和我,个人的命运、前途与祖国紧密相连,祖国的利益高于一切。为此,必须处理好四个关系。

首先,正确处理个人利益与集体利益的关系,把集体利益作为价值导向。这是正确的世界观、人生观、价值观在社会中的反映。集体主义作为一种价值导向,强调的是个人利益与集体利益的辩证统一,个人利益服从集体利益,集体要尽最大努力来关心个人利益、个人幸福,实现个人价值。在社会主义市场经济条件下,强调集体主义尤为必要。因为社会主义市场经济使人有更多的自主性,更加突出个人利益,产生了多元利益主体,但最终还要归于一元——最大多数人民的利益。同时,社会主义市场经济在强调市场机制的同时,还强调宏观调控,即从总体上协调制约国民经济向有利于人民利益的方向发展,这与集体主义的集体性是一致的。高校学生要明确认识这一点,只有这样,才能把自己的命运与祖国的命运紧密联系在一起。

其次,要正确处理个人需要与社会需要的关系,把服从社会需要放在首位。社会需要是指社会对其发展条件的需要,是全社会共同利益和愿望的需要,社会需要的本质就是人类的需要,是个体需要的集中和概括。个体需要是一个人生存和发展的基础和动力,社会需要是满足个体需要的源泉,个体需要只能在社会需要中,二者结合起来并且一致,才是一个人成就事业、充分发挥才能的最佳结合。当二者发生矛盾时,应该把社会需要放在首位,因为个体是社会中的一员,个体只有在社会中才具有意义,脱离社会环境,个体连生存都是难题。青年应正确认识到社会对个体的重要性,为社会作出贡献是个人义不容辞的责任。只有选择了社会需要和能发挥自身专业才能的职业,才能在事业中取得成就,也为自己发展奠定基础。

再次，正确处理个人价值与社会价值的关系，做到个人价值与社会价值的统一。对于当代青年来说，择业时的价值取向呈现多元化趋势，但其主导方面是健康、积极、合理的，因为当代青年既注重物质利益的满足，也注重成就一番事业后的精神满足；既希望发挥自身潜能，也没有忘记为社会、为他人、为国家作出贡献，实现个人价值与社会价值的统一。正因为如此，那些只看物质利益，过分强调自我的毕业生，完全以收入多少作为确定就业单位的标准，集体观念淡薄，片面地要求社会满足自我的需要，而淡忘了自己为社会应尽的责任，结果会一事无成。国家兴亡，匹夫有责。如果没有个体的发展和奋斗，没有个体为国分忧的忧患意识，就没有整个国家和民族的发展。同样，个体不把自己的工作同国家的荣辱联系起来，就不能更大限度地发挥个人潜能，实现个人价值。

最后，正确处理个人理想与共同理想的关系，为实现共同理想而奋斗。我国是一个多民族的国家，现阶段的共同理想是建设有中国特色的社会主义，建设富强、民主、文明的社会主义现代化国家，实现中华民族伟大复兴。这一理想代表着我国社会前进的方向，反映着我国各族人民的根本利益和愿望，是我们建设有中国特色社会主义的强大精神动力。当代青年要把个人理想与社会共同理想结合起来，正确处理二者之间的关系。首先，个人理想要服从社会共同的理想，个人理想只有以共同理想为指导，融于共同理想中，才有生命力，才有实现的可能性，个人才能获得广阔的前途，得到最大限度的发展。其次，社会共同理想的实现，要靠每个人的努力，有待于个人理想的实现。也只有在个人理想的指导下，充分发挥自己的主观能动性，努力去实现它，社会共同理想才能真正落到实处。现阶段我国还不发达，要实现这一理想，需要每个人的艰苦奋斗。作为当代青年，要肩负起建设有中国特色社会主义的重任，学好知识和本领，在未来的职业生活中建功立业，为实现共同理想而努力奋斗。

二、正确认识法律

法律是反映并调整一定社会关系，由国家制定或认可，并以国家强制力保证实施的行为规范的总称。法律是全体社会成员都必须遵守的社会规范,具有普遍约束力,对职业理想的实现具有重要作用。

(一)法律对职业理想具有保护作用

职业理想是人们对未来职业的选择和所要达到的成就的向往。遵纪守法是每个公民的权利和义务。在法治社会,一个人职业理想的实现越来越需要法律的保障。法制是一个社会的稳定器,国家的繁荣、社会的稳定、经济的发展都有赖于法制的健全,有赖于全体国民尤其是青年学生法制意识的不断增强。当前,我们国家正在深化改革,实行依法治国。要实行政治体制、经济体制和文化体制改革。社会主义市场经济体制的改革逐步完善。政治体制改革和经济结构调整也正在全面展开,下岗失业在短时期内将呈上升趋势,这是改革必须付出的代价。我们只有在党和政府的领导下,积极改革,保持稳定,遵纪守法,才能尽快建立完善的社会主义市场经济体制,才能国富民强,不断提高就业率,实现职业理想。广大高校学生要增强法治意识,成为有理想、有道德、有文化、有纪律的一代新人,做遵守法律的楷模。

职业院校学生应当具备必要的法律知识,学法、知法、守法、用法,用法律维护自身的合法权益,保证职业理想的实现。

(二)职业理想的实现有助于法律的健全和发展

法制健全、社会稳定、百业兴旺,人们的职业理想就容易实现,从而安居乐业,精神愉悦,遵纪守法的自觉性不断提高,社会得以持续繁荣稳定,法制建设得到进一步加强,人们的职业理想也会不断提升。改革开放以来,深圳取得了瞩目成就,人民生活水平大幅度提高。而更令人称道的是,在国民经济持续发展的同时,深圳的精神文明建设也取得了丰硕成果:人们遵纪守法,社会治安形势根本好转;社会公德、职业道德和家庭美德建设不断加强,文化事业硕果累累,科学教育发展速度加快。这些成绩的取得,证明了精神文明建设的法制保障比任何口头上的提倡来得更为有力。同时,持续的经济繁荣,提供了充足的就业率,人们的职业理想得以实现,促使法制建设更加完备。在特区40多年建设中,享有地方立法权的深圳,已制定了多部法规,尤其是全员实行社会保险制度,设立"工薪保险基金",提供法律援助,妥善处理劳资纠纷,打破城乡二元结构,撤销农民进城务工的种种限制,使广大农民和城市居民同样感受到了"家园"的温暖。

三、正确选择职业

对所有人员来说就业机遇都是好的,在他们看来选择职业比收入来源更重要。调查结果表明,这种现象适合于越来越多的年轻人。现在,在年轻人看来,职业不是事先定好的事情,而是由自己选择的。在多次调查中选择职业的重要性排在最靠前的位置上。在接受调查的人中,一大部分人是按照自己的兴趣选择职业的。特别是大中专学生追求的是对工作感兴趣、能够体现自身价值。短期聘用的方式越来越受欢迎,事先规定好的晋升之路失去了吸引力。

(一)适应IT行业人才的工作

1. 网络警察

发展趋势:网络警察绝对是一个短缺的热门职业。这个职业有发展前途,因为随着全球联网和虚拟的知识变革,也会出现法律上的薄弱环节。因此,网页的捍卫者也是火警报警器和预警系统。

职业特点:网络警察必须比其他网民技高一筹。他们精通网络技术,为了制止网上骗子的活动,他们随时都处在信息高速公路上。

就职的先决条件:看一个人的实际技能,而不是毕业证书。学过信息学、具有司法方面的知识是就职的优势。

就职方向:警察局或者国际刑警组织、企业。

2. 策划者

发展趋势:网上策划者有自己的固定位置。无论是企业、机构还是小型园林协会,愿意上网的人,都需要网页策划者的帮助。

职业特点:策划者为自己的顾客建立网络。他们选择画面、审查文件并把各个组成部分协调为一个和谐的整体。尽管持批评态度的人认为策划者是空想家和胡思乱想的人,但是,实际上,他们与图表制作者和编程员的合作密切。职业要求策划者具有团队协作和联络能力、提出有分析的看法、偏爱技术、起草的文件引人入胜。

就职的先决条件：没有限制。大中专毕业生、记者、教育家、心理学家以及经济学家都可以成为策划者。

就职方向：网络编辑部、多媒体机构以及保险公司、银行和制药工业部门。

3. 网络内容管理人员

发展趋势：专家们预计，网络内容管理人员这一职业的前景美好。金融机构、媒介业需要专职的网络内容管理人员。他们通晓网页上的各种数据并对内容进行筛选。

职业特点：网络内容管理人员负责网页上的全部内容。同用户之间的联系和对话进行的顺利程度取决于网络内容管理人员的技术。因此，网络内容管理人员应该具有记者的敏感性。

重要的是懂得建网址和数据库方面的专业知识以及具有策划、因特网服务方面的经验。

就职的先决条件：大中专学历、丰富的营销经验、能够恰当应用专业术语。

就业方向：出版社、网络服务机构、通信领域以及多媒体机构。

4. 知识经理

发展趋势：目前，这个职业还是一个非常年轻的职业。这个职业主要局限在国内大型企业、跨国企业，他们认识到，企业中蕴藏着许多技术知识，而这些技术知识决定着企业未来的竞争力，员工们随时都应该掌握这些知识，尤其是企业的经理。

职业特点：知识经理对员工现有的知识进行整理并使之简明易懂。企业内部的信息网是整理和利用知识的讲坛。这是一个敏感的职业，因为它要打破员工们在心理上的封闭状态（这些员工因为具有信息优势而把自己封闭起来）。因此，知识经理应该具有说服力，能够调动人的积极性、鼓励、发挥企业团队精神。

就职的先决条件：对刚参加工作的人来说机遇不大，对有工作经验、企业管理知识、互联网知识以及观察能力强的受过高等教育的人来说，是最有希望从事这项职业的。

就职方向:大型企业中的咨询机构。

(二)适合创造性工作的人员

1.策划活动的经理

发展趋势:吸引力是一种短缺的财富。越来越多的企业寄希望于轰动的事件上,目的就是为了把股东、顾客以及公众的注意力吸引到自己身上。

职业特点:无论是激光技术展示会,还是服装展示会或者专题讨论会,经理们筹办的这些活动都是为了给人留下好印象,迎合顾客的需要。

就职的先决条件:没有形式上的限制条件。这个职业对所有有创意的人敞开大门。具备营销经验的商学士、广告策划技术人员以及举办展览会的技术人员都有从事这个职业的良好机遇。

就职方向:营销、广告机构、企业中的广告部门。

2.三维设计人员

发展趋势:任何职业都没有三维设计如此受关注,三维技术培训班在工业部门越来越受欢迎。

职业特点:三维设计是多种能力的显示,三维设计人员集摄影师、采光技师、舞台布景设计师于一身。

就职的先决条件:既具有艺术天赋,又有创意,懂技术是求职的重要前提。

就职方向:多媒体机构、电视台、企业、电影业。

(三)适合有战略眼光的人的工作

1.电话网络设计师

发展趋势:无绳电话遍及全球。手机可以直接上网。现在必须加强电话网络以适应未来的数据往来。

职业特点:电话网络设计人员是未来的数据高速公路的设计师。用户通话是否顺利取决于设计师的技术。

就职的先决条件:电子技术和信息技术专业毕业生是最有希望的人选。

就职方向:移动电话公司、网络服务机构。

2. 推广革新成果的经理

发展趋势:只管开发的时代已经过去了,在全球竞争中,只有在开发的同时也懂得销售开发成果的人,才能生存下来。

职业特点:推广革新成果的经理是在各方之间进行沟通的翻译。他们不只是熟知研究和开发的语言,而且也懂得市场和销售术语。在越来越激烈的竞争中,他们的任务是尽快地让研究成果走向市场。

就职的先决条件:能在技术和市场之间起桥梁作用的人受欢迎。

就职方向:有研究机构的大型企业、工商协会、各地的经济促进会、投资银行。

3. 生态能源工程师

发展趋势:生态能源越来越受到重视。就连英国石油公司和壳牌石油公司这样的著名石油企业也对太阳能开发进行了大量投资。按照壳牌石油公司的设想,到2050年再生能源将满足全球能源需求量的一半。

职业特点:生态能源工程师在燃料和太阳能收集器上打主意。设计风能利用设备,使发电站设备更趋完善。无论是开发还是计划,无论是协调项目还是销售,在有关再生能源问题上,他们将起决定性作用。

就职的先决条件:攻读环保和能源技术专业的人会有好运。掌握电子技术、机器制造技术以及操作技术(重点是能源技术)的人也有优势。

就职方向:太阳能和风能技术开发企业、能源供应机构。

4. 医疗界的管理人员

发展趋势:人类的寿命在延长,因为生活、保健和医疗条件在不断提高。同时,医院、疗养院以及福利院对盈利不采取回避态度。医疗和管理方面的专家有着美好的前途。

职业特点:医疗界的管理人员的目标是:使病人舒适。但医疗管理人员还要有谈判技巧并能使医院获利。

就职的先决条件:在让医生确信节约是必要的事情的时候,自信和谈话技巧大有用处。具备医院管理学知识对求职者来说是基础。

就职方向:医院、疗养院、福利院、福利协会的经营机构。

(四)适合交际人才的工作

1. 资金筹集者

发展趋势:现代的捐赠者不再是常年向一家组织捐款。他们希望用自己的钱来换取令人信服的项目和信息。

职业特点:资金筹集者为善举筹款。为了筹集到钱,他们组织拍卖、宣传活动或者向一些基金会借钱。他们同司法部门保持联系。

就职的先决条件:没有办事热情是干不好的。学过销售和社会经济专业对担任资金筹集人是大有裨益的。

就职方向:救济组织、募捐机构、大学、博物馆以及医院等。

2. 远程教育教师

发展趋势:鉴于知识对社会的重要性,世界教科文组织提出要构建终身教育体系和学习型社会,因此,对知识传播者的需求也日趋上升。将来,渴望学习知识的人想什么时候学习就可以什么时候学习,想在什么地方学习就能够在什么地方学习。他们将从远程教育教师没有教室的老师那里得到支持。远程教育教师通过电脑、卫星、因特网向自己的学生授课,这些学生无论在家里,还是在办公室里都是一样的,远程教育教师是建设学习型社会的重要成员。

职业特点:远程教育教师既是讲师,又是教练。出于职业需要,他们不仅要熟练掌握计算机,而且还要具备因特网方面的知识和其他专业知识。

就职的先决条件:大学毕业,具有各方面的知识,掌握计算机数据和网络专门知识是担任远程教育教师的前提。

就职方向:企业、大学以及远程教育机构。

(五)适合研究人员的工作

1.纳米技术人员

发展趋势:纳米技术属于21世纪的重大技术。据专家们估计,不久之后纳米技术将被广泛应用。

职业特点:纳米技术人员对原子和分子进行处理。他们的目标是:生产防划痕的眼镜玻璃片,生产高敏感的传感器、高效率的存储设备。纳米技术人员还将通过纳米技术破坏癌细胞。

就职的先决条件:在纳米技术领域获取硕士、博士学位的自然科学家、医务人员、工程师有就业机会。

就职方向:计算机工业、电子工业、汽车制造业、化学和制药企业、医疗技术企业。

2.生物信息学家

发展趋势:人类的基因密码被破译,但是,还不清楚遗传基因都起哪些作用。生物信息学家的职业就是发现这些密码的作用。

职业特点:计算机是他们的搜索工具。他们寻找人的、动物的、细菌的以及菌类的基因数据。他们的目标是,发现基因的作用。这样病原体就可以被捕捉,并开发出新的有用的生物活性物质。

就职的先决条件:德国一些大学已经开设了生物信息课程。生物信息人员和具备IT知识的生物学家都有从事生物信息专业的可能。

就职方向:从事生物技术研究的企业、制药工业。

3.基因药物技术员

发展趋势:据专家们估计,两年后基因药物制剂将占所有新药的一半。

职业特点:基因药物技术人员的工作是,让有缺陷的基因处于静止状态并给体内注入健康基因。此外,他们还利用遗传信息生产药品。

就职的先决条件:在生物化学、生物工程、基因技术以及分子生物学领域具有专门知识的生物技术人员或者生物学家。

就职方向:医药公司和生物技术公司。

4.机器人专家

发展趋势:机器人专家是给钢铁安上脑袋并使明天的世界实现自动化。机器人可以制造汽车、在手术室里当助手、排地雷或者在私人家庭里帮忙。

职业特点:机器人专家是多面手,既是实践家又是发明家。他们必须具备机器制造、电子技术、调控以及软件方面的知识和经验。

就职的先决条件:有高中、中专、大学学历。除了具有专门的技术知识外,还要求从事这个职业的人有团队精神,懂外语,因为机器人业务是国际性的。

就职方向:机器制造业、软件开发企业、产品设计以及咨询和销售机构。

第五章

高校学生职业决策素养

选择职业是人生大事,因为职业决定了一个人的未来,所以,选择职业就是选择将来的自己。在选择职业中需要综合对自我的认知和对工作岗位的认知,并进行整合,这样才能形成良好的决策。通过本章内容的学习,学生能够了解职业生涯决策及其影响因素,掌握科学决策方法,从而做出自己的职业生涯决策;学生能够了解职业生涯发展规划的设计、实施、管理等内容,设计出自己的职业生涯发展规划书。

第一节 职业生涯决策概述

随着社会的发展,在职业生涯发展过程中,高校学生会面临多重抉择的境地,这时就需要个人做出选择一个职业而放弃另一个乃至多个职业的决策。决策在生活中起着非常重要的作用,它体现在我们的职业生涯发展中,即为职业生涯决策。

一、科学决策理论

高校学生在学习、生活、工作实习中,问题无处不在,解决问题就是考验高校学生做决定的智慧。在适当的时机做适当的决定,是在考验高校学生逻辑分析的能力。

(一)做决定的本质

我们的决定,决定了我们,一个人是其所有决定的综合。决定的为难之处是"不确定性"与"难舍"。未来存在诸多难以掌握的变量,高校学生的生涯不确定性是"对个人的不确定性,对环境的不确定性";难舍的复杂是因为涉及做决定时所考虑因素的"轻重"和"概率"。做决定的难舍与不确定性使高校学生在做决定的过程中充满了压力感和无助感。

决定的要素是"轻重"和"概率",任何做决定的过程就是一种"轻重"和"概率"的"加"与"乘"的考虑。"轻重"是选择因素的轻重,"轻重"与"难舍"有关。舍与得是相对的,背后关系着对某些选择的考虑,轻重的权衡使个体必须舍"轻"就"重",在时间压力下,轻重会发生一些变化。"概率"是选择项目的"概率","概率"与"不确定性"有关,不确定是一种笼统的感觉,涉及对选择项目是否能达成选择因素之要求的一种心理期待,这种期待的量化就是概率。概率充满许多变量,是造成做决定时不确定感的主要原因。个体的外界环境和内在心理环境都是不断变化的。决定的复杂在于其影响因素的纷繁复杂,使人"剪不断,理还乱"。

决策是为了实现一定目标,采用一定的科学方法和手段,从两个以上的方案中选择一个满意方案的分析判断过程。它建立在决策者对自身和周边环境分析的基础上,确定行动目标,并对实现目标的若干可行性方案进行比较和选择,最终确认一个最为优化合理的方案的分析决断过程。

(二)职业生涯决策的内涵

职业生涯决策这一概念是由乔普森等人在1974年提出的,他们认为职业决策是一个复杂的认知过程。通过此过程,决策者组织有关自我和职业环境的信息,仔细考虑各种可供选择职业的前景,从而做出职业行为的公开承诺。

职业生涯决策是对所要从事的职业进行选择的行为。你有什么样的选择,也就有什么样的人生。职业生涯决策是一个人选择职业目标或具体的职业岗位时,对可能的结果做出价值判断的过程。因为这一价值判断涉及个人的人生价值观、职业价值观,以及性格、兴趣、能力等个人因素和职业需求、职业发展等社会职业环境因素,每个人对某一职业的价值判断是不同的,因此,职业生涯决策的内容因人而异,它只能是个人在职业选择中权衡利弊、寻求达成最大价值的方法。所有的道路,不是别人给的,而是自己选择的结果。

职业生涯决策强调对自己的认识,包括对自身的能力、兴趣、价值观以及技能的认识,同时也强调对外部环境的分析与判断,据此有效指导后续的职业生涯发展规划活动。在进行重大决策时,为了降低风险,尽可能充分地考虑决策所涉及的多方面因素,我们推荐使用CASVE循环分析法。它由沟通(Communication)、分析(Analysis)、综合(Synthesis)、评估(Valuing)和执行(Execution)五个步骤组成,如图5-1所示。该方法可以在整个职业生涯问题解决和决策制定过程中使用,决策者需要根据影响因素的变化,适当调整自己的决策结果。

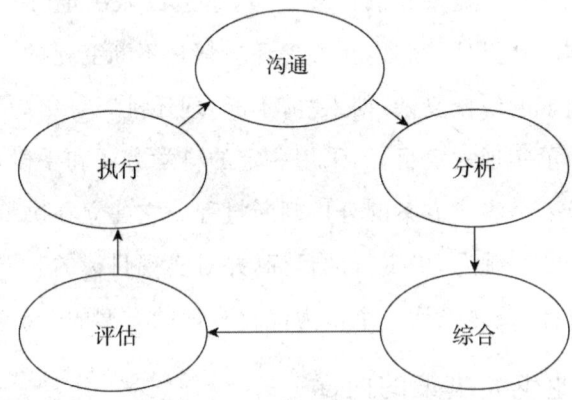

图 5-1 CASVE 循环分析法示意

1. 沟通(识别问题的存在)

个人意识到职业理想与现实之间存在的差距,让我们识别问题的存在,这一步是决策的开始。问题通过内部、外部沟通传递过来,内部沟通包括情绪信号如不满、厌烦、焦虑或失望,身体信号如昏昏欲睡、头疼、胃部疾病等;外部沟通包括父母对我们职业规划的询问,同事、朋友、老师对自己职业选择过程的评价,或是社会媒体对某个专业未来发展的预测等。这是意识到自己需要做出选择的阶段,在沟通阶段,我们通过各种感官充分接触问题,发觉差距的存在,并开始重视。

2. 分析(考虑各种可能性)

我们需要将问题的各个组成部分相互联系起来,对现状进行评估,了解自己和自己可能的选择,对所有的信息进行分析,考虑各种可能性。然后,我们需要花费时间来思考、观察、研究,从而更充分地了解差距,了解自己有效地做出反应的能力。分析要解决这个问题需要了解自己的哪些方面,了解环境的哪些因素,需要做些什么等,产生这种感觉的原因以及家庭、老师、朋友将会如何看待我的选择等。在分析阶段,生涯决策者应尽可能了解造成问题的原因。分析阶段还需要把各种因素和相关知识联系起来,例如,把自我知识和职业选择联系起来,把家庭需求和个人生活需求融入职业选择。

3. 综合(形成选项)

综合阶段主要是全面处理上一阶段提供的信息,从而制定消除差距、解决问题的行动方案。其核心任务是确定我可以做什么来解决问题。这是一个可以扩大或缩小选择清单的过程。首先,尽可能多地找到消除差距的方法和方案,发散性地思考每种办法,可以采用"头脑风暴"产生创造性思维。然后,缩减有效方法和方案的数量,通常缩减到3~5个选项,因为这是我们头脑中最有效的记忆和工作容量。

4. 评估(对选项排列次序)

评估阶段主要是从可行性和满意度两个方面来评估信息,并按评估结果对所有选择进行排列,最终选择一个职业、工作或相关专业技能。

第一步是评估每种选择对生涯决策者和他人的影响。例如,如果选择了自主创业,这一选择将会给自己、父母、朋友以及周围的人带来怎样的影响,每种选择都要从自己和对他人的坏处和益处两个方面进行评估,并综合物质与精神方面的因素。第二步是对综合阶段得出的选项进行排序。能够最好地消除差距的选项排在第一位,以此类推。此时,职业生涯决策者会选择一个最佳选项,并且做出承诺来实施这一选择。

5. 执行(采取行动解决问题)

这是实施选择的阶段,根据自己最终的选择制订计划,把思考转化为行动。很多人觉得在执行阶段制订行动计划是令人兴奋和有价值的事情,因为终于可以开始采取积极行动解决问题了。

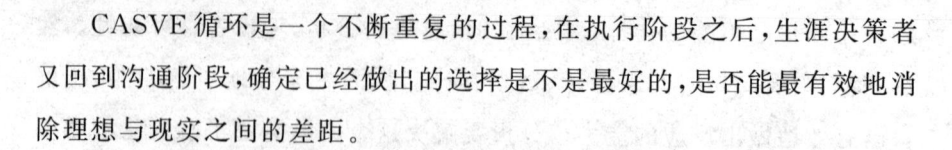

CASVE循环是一个不断重复的过程,在执行阶段之后,生涯决策者又回到沟通阶段,确定已经做出的选择是不是最好的,是否能最有效地消除理想与现实之间的差距。

(三)职业生涯决策的风格

决策风格是指生涯决策者在进行职业生涯决策过程中倾向的决策策略,属于决策者的主观性影响因素。在相同条件下,决策者的不同决策策略倾向将对结果产生很大的影响。因此,明确生涯决策风格将对决策者的职业生涯决策过程有一定的指导作用。

美国职业生涯专家斯科特和布鲁斯于1995年提出,决策风格是在后天的学习经验中逐渐形成的,他们将决策风格划分为五种类型:理智型、直觉型、依赖型、回避型和自发型。

1. 理智型

以周全的探求、对选择的逻辑性评估为特征。理智型的决策者具备深思熟虑、分析、逻辑的特性。这类决策者会评估决策的长期效用并以事实为基础做出决策。理智型决策风格是比较受到推崇的决策方式,强调综合全面地收集信息、理智地思考和冷静地分析判断,是其他决策风格的个体需要培养的一种良好的思考习惯。但理智型的决策风格也并不是理想的、完美的决策方式,即使采用系统的、逻辑的方式,也会出现因为害怕承担决策的后果而不能整合自己和重要他人观点的困扰。

2. 直觉型

以依赖直觉和感觉为特征,比较关注内心的感受。直觉型的决策风格以自我判断为导向,在信息有限时能够快速做出决策。当发现错误时能迅速改变决策。由于以个人直觉而不是理性分析为基础,这类决策发生错误的可能性较大,因此,易造成决策不确定性,容易丧失对直觉型决策者的信心。

3. 依赖型

以寻求他人的指导和建议为特征。依赖型的决策者往往不能够承担自己做决策的责任,允许他人参与决策并共同分享决策成果,会受到他人的正面评价,但也可能因为简单地模仿他人的行为导致负面的反应。依赖型的决策者需要理解生活中重要他人对自己的影响程度。

4. 回避型

以试图回避做出决策为特征。回避型的决策风格是种拖延、不果断的方式,面对决策问题会产生焦虑的决策者,经常因为害怕做出错误决策而采取这样的反应。这是由于决策者不能承担做决策的责任,而倾向于不考虑未来的方向,不去做准备,不知道自己的目标,也不思考,更不寻求帮助。这样的决策者更容易受到学校等支持系统的忽略。所以,这些学生需要意识到自身的决策风格及其可能造成的危害,努力调整,增强职业生涯规划的意识和动机,只有这样才能从根本上得到帮助。

5. 自发型

以渴望即刻、尽快完成决策为特征。自发型的个体往往不能容忍决策的不确定性以及由此带来的焦虑情绪,是一种具有强烈即时性,并对快速做决策的过程有兴趣的决策风格。自发型决策者常会基于一时的冲动,在缺乏深思熟虑的情况下做出决策,此类决策者通常会给人果断或过于冲动的感觉。

二、职业生涯决策的影响因素

职业生涯决策在高校学生职业选择和人生发展中起着重要的作用。影响职业生涯决策的主要因素分为内在因素和外在因素,内部、外部因素在一定层面上综合作用,影响决策者的生涯决策结果。

(一)影响职业生涯决策的内在因素

内在因素是指与决策者自身有直接关系的主观性因素,包括以下三个方面。

1. 心理特征因素

个人对自我评估、职业评估和环境评估的内容及结果直接影响职业决策。其中,自我评估主要是对个体心理特征的评估,起着决策的定向作用。个体的心理特征是一种稳定的特性和倾向,包括兴趣、能力、价值观和性格等。

2. 个人背景因素

职业生涯决策的发展和形成是一个漫长的过程,从特殊事件和经验的角度来说,每个人的人生都是独一无二的,个人所经历的生涯事件会对职业决策产生影响,这体现在不同性别、年龄和教育背景等方面。

3. 进行决策时的即时状态

要做出有效的职业生涯决策,我们就必须保证在决策过程中身体、情绪和精神都处在最佳状态。在决策过程中会面临诸多障碍,这些障碍会影响即时决策。

(二)影响职业生涯决策的外在因素

外在因素是指对决策者的决策行为产生间接影响的客观环境,主要包括家庭环境因素和社会环境因素两个方面。

1. 家庭和成长环境因素

无论是年轻人还是老年人,家庭成员以及与其关系重要的人,都会干扰有效决策的形成。对于高校学生而言,影响可能来自家长。每个人的成长环境对职业生涯发展都有影响。首先,教育方式的不同,造成他们认知世界的方式不同;父母的职业是学生最早观察模仿的对象,学生必然会得到父母职业技能的熏陶;其次,父母的价值观、态度、行为、人际关系等对个人的职业选择起到直接或间接的深刻影响。最后,朋友、同龄群体的职业价值观、职业态度、行为特点等也影响职业生涯决策的形成。

2. 社会环境因素

社会中流行的工作价值观、政治经济形势、产业结构的变动等因素,无疑会在个人职业生涯决策上留下深刻的烙印。不同的社会环境给予个人的职业信息是不同的。宏观上,社会的、经济的、历史的和文化的力量都能够影响个人有效决策的制定。职业生涯决策是大学毕业生必须面对的人生关键一步。拥有一个好职业,能够充分发挥自己的聪明才智,成就一番事业。面对影响高校学生职业生涯决策的各个因素,高校学生必须掌握有效的职业生涯决策方法,这样才能做出合理的职业选择。

三、做出决策

职业生涯决策是一个持续的过程,也是职业生涯发展规划的中间环节。它是在决策者自我认识和职业认知的基础上,通过决策环节为职业生涯发展规划找到职业方向和目标,进而完成详细的、长期的发展规划。职业生涯决策主要经历决策准备阶段和决策选择阶段。

(一)职业生涯决策准备阶段

在职业生涯决策准备阶段,应考虑三个问题,即自己的能力、机会、价值,通过回答"我能够做什么""我可以做什么"和"我想要做什么"三个问题厘清自己的思路。

1. 我能够做什么

明确自己的能力取向,即通过对自身兴趣、性格、技能等内部特征的分析,明确自己的能力特征,知道自己喜欢什么、适合什么、重视什么、能做什么。一方面,可以取长补短,通过再学习弥补不足;另一方面,回答好"我能够做什么"这个问题,可以在生涯决策中扬长避短,尽量发挥自己的优势。

2. 我可以做什么

明确自己的机会取向,即通过对现有的社会经济、技术、政策等外部工作环境信息的搜集和分析,明确职业发展的机会、挑战以及在未来的生涯发展过程中可能受到哪些外部因素的影响。我可以做什么,对这个问题的确定可能直接影响生涯决策者未来职业生涯发展的可行性。

(1)有关职业的基本事实

很多专业和技能是可以变通的,同一个专业可以从事多种职业,比如机械设计专业的毕业生可以从事售前工程师等与人沟通的工作,也可以做研发、设计等与概念相关的工作。因此,我们在了解工作信息时,也应该关注那些和自己专业相关的职业,学习专业知识的目的是帮助我们更好地发展自己,而不是限制我们的发展。

(2)宏观职业环境

宏观职业环境包括劳动力供求关系、各地区各行业的需求分布、职业生涯的理念等内容。宏观职业环境的实时性很强,因此,我们在应用这些信息时应注意它的时效性。

(3)与具体工作相关的信息

在了解宏观环境的过程中,我们需要更加细致地掌握一些信息,通常包括:公司的文化和规范;工作内容和职责;工作要求的知识、技能和素质;工作要求的资历和资格;工作时间、地点和环境;发展的空间;薪酬待遇和福利;如果要去应聘,还需要了解公司的招聘文化。

(4)继续教育和学习方面

在知识经济时代,继续教育和学习几乎成为每个人生涯发展中的必然内容。一般而言,继续教育和学习的可能途径包括:参加"专升本"考试、报考在职研究生、出国留学和参加专业技能培训等。我们应当根据自己的实际情况选择相适应的继续教育和学习途径,为未来的发展打下基础。

3.我想要做什么

明确自己的价值取向,即通过对自己的价值观念、理想、成就动机等因素的分析,确定自己的目标取向。我想要做什么,一般指能够使决策者实现某个价值和社会价值的最理想的职业生涯目标,这个问题的确定可能直接影响职业生涯决策者对未来职业生涯发展的满意度。

(二)职业生涯决策选择阶段

职业生涯决策选择,对于大学毕业生来说,不仅决定其今后将从事什么工作,而且在很大程度上决定其以后的生活;对于社会来说,它意味着社会资源的合理配置和利用,关系到社会运转的效率和教育事业的成败,因此,掌握职业选择的策略尤为重要。

1. 确定可能的职业生涯目标

在决策准备阶段搜集相关信息的基础上，高校学生要综合考虑内部、外部条件，确定可能的职业生涯目标，在工作世界探索和分析环节以及自我探索过程中，一定会有适合的职业出现。也可以采用"头脑风暴"的方法列出自己心目中的理想职业。在所列职业清单的基础上，分析这些职业的共同点，对职业清单进行补充和修改，最终确定可能的职业生涯目标。如果在此过程中抛开固有的想法，采取积极客观的心态，就容易获得有效的信息。研究表明，在做决策时信息太多容易让人迷失，反而拿不定主意；而信息过少又无法起到让当事人了解客观事实的作用。因此，在形成可能的职业生涯目标时，职业清单上的备选目标以3～5个为宜。

2. 在多个职业生涯目标中进行选择

高校学生首先根据决策风格分析了解自己的决策模式，明确自己决策风格中的不足，避免接下来进行生涯目标决策时出现同样的错误。然后，运用生涯决策的基本方法（CASVE循环法）、决策平衡单、决策平衡轮等，在可能的职业生涯目标中进行选择。

第二节　职业生涯决策行动

千里之行，始于足下。只有把握现在，规划未来，才能做到未雨绸缪，开拓理想的人生。高校学生在确定职业生涯目标后，需要根据各阶段的目标要求，制定一系列相应的、可行的、有效的行动措施，并且坚定信念，认真落实各项措施。只有这样，才能实现各自的职业生涯目标，才能走向成功。

一、高校学生职业生涯发展规划设计

职业生涯发展规划的过程是个体探索自我、探索外部世界、科学决策、执行反馈的过程，应该遵循"SMART－PCD"原则，具体的步骤包括：觉知与承诺、自我评估与悦纳认识工作世界和环境评估、选择目标和路径、行动、评估与修正。

在认知模块部分中,最高层被称为元认知的执行领域,是个人对自己认知过程及结果的知识、体验、调节、控制,它包括自我言语、自我觉察、控制与监督。中间层是决策技能领域,即通用信息加工技能的五个步骤,包含进行良好决策的沟通、分析、综合、评估和执行,构成决策的循环。最底层是知识领域,包含个人知识和职业知识。个人知识包括了解自己的价值观、性格、兴趣和技能,职业知识就是外部工作世界。

(一)职业生涯规划的内容

在综合考虑上述因素的基础上,职业生涯规划一般通过自我评估、环境评估、选择目标与路径、实施策略、评估与反馈五个步骤来完成。

1.自我评估

一个有效的职业生涯设计必须在充分并且正确认识自身条件与相关环境的基础上进行。要审视自己、认识自己、了解自己,做好自我评估,包括自己的兴趣、特长、性格、技能、价值观、个人目标与需求、个人生理与健康状况、工作经验、社会阶层、性别、年龄负担状况、学识、智商、情商、思维方式等。即要明确我想干什么、我能干什么、我应该干什么、在众多的职业面前我会选择什么等问题。

2.环境评估

职业生涯规划还要充分认识和了解与职业相关的环境,评估环境因素对自己职业生涯发展的影响,分析环境条件的特点、发展变化情况,把握环境因素的优势与限制。了解本专业和本行业的地位、形势以及发展趋势。例如社会的需求、企业与组织的需求、家庭的期望、技术的发展、经济的兴衰、政策法规的影响等。

3.选择目标与路径

选择目标与路径就是确立目标和职业定位。确立目标是制定职业生涯规划的关键,通常目标有短期目标、中期目标、长期目标和人生目标之分。长远目标需要个人经过长期艰苦努力、不懈奋斗才有可能实现,确立长远目标时要立足现实、慎重选择、全面考虑,使之既有现实性又有前瞻性。短期目标更具体,对人的影响也更直接,是长远目标的组成部分。职业定位是要为职业目标与自己的潜能以及主客观条件谋求最佳匹配。良好的职业定位是以自己的最佳才能、最优性格、最大兴趣、最有利的环境等信息为依据的,要考虑性格与职业的匹配、兴趣与职业的匹配、特长与职业的匹配、专业与职业的匹配等。应注意,依据客观现实,考虑个人与社会、单位的关系;比较职业的条件、要求、性质与自身条件的匹配情况,选择条件更合适、更符合自己特长、更感兴趣、经过努力能很快胜任、有发展前途的职业;扬长避短,看主要方面,不要追求十全十美的职业;审时度势,及时调整,要根据情况的变化及时调整择业目标,不能固执己见,一成不变。

4. 实施策略

制定实现职业生涯目标的行动方案,要有具体的措施来保证。没有行动,职业目标只能是一种梦想。要制定周详的行动方案,并落实这一行动方案。

5. 评估与反馈

整个职业生涯规划要在实施中去检验,看效果如何,及时诊断生涯规划各个环节出现的问题,找出相应对策,对规划进行调整与完善。

(二)职业生涯规划的方法

1. 职业咨询预测法

在一些国家,大学、高中都有专门的机构,对高校学生和高中生的职业前途进行预测,以此为根据对他们的择业方向提供一些建设性的建议。在我国,这样的专门机构也逐渐建立起来了,但在学校中还是比较少见的,一般是一些社会性的机构。这些机构的主要测评工具有能力倾向测验、职业兴趣测验。职业兴趣测验可以帮助个人明确自己喜欢在什么样的环境中工作。此外,还有人格测验、价值问卷、生涯成熟问卷等。

2. 思考圈法

思考圈法是中国一些高校进行职业生涯规划时常用的一种理论方

法。该理论以循环思考来表示生涯规划,是六个要素之间的往返循环过程,如图 5-2 所示。

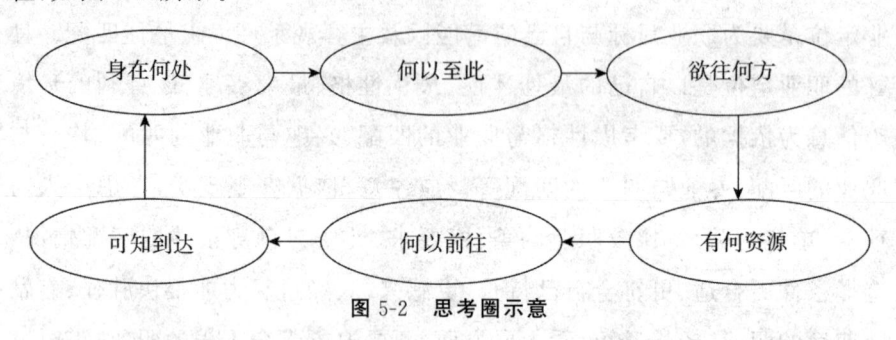

```
身在何处 → 何以至此 → 欲往何方
  ↑                        ↓
可知到达 ← 何以前往 ← 有何资源
```

图 5-2　思考圈示意

(1)"身在何处",即了解目前情况、存在的差距,这是解决问题开始时需要的信息。

(2)"何以至此",即分析原因。这些原因可能是客观方面的,如就业形势、经济、政治、社会发展状况等,也可能是主观方面的,如就业观念、领导重视、政策支持等。

(3)"欲往何方",即找出最优选择并做出临时选择,选择可能性最大的情况,思考并明确自己的职业目标是什么。

(4)"有何资源",即精心搜索和综合选择。查看各种资源以发现尽可能多的有利资源,并把与目标一致的有效资源进行整合。

(5)"何以前往",即设计一项计划来实施某一临时选择,包括学校学习计划或学校就业指导措施、计划、内容等。

(6)"可知到达",即通过结果、结论与选择、目标比较,分析和检验与目标的差距,总结经验为下一循环打好基础。

3. 职业生涯愿景法

职业生涯愿景是个人在职业实践过程中经过一段时间的探索,经过与外界互动逐渐沉淀下来的理想职业目标,是目标职业的期望情景的总和。职业生涯愿景应当包含很多内容,这些内容对于个人的职业目标是全面且细致的描述,包含目标职位、领导风格、价值观、个人性格、知识技能、行业领域、规模、职位胜任素质、控制幅度等,其中价值观、个人性格、知识技能等最为重要,是构成个人职业生涯愿景的核心部分。职业生涯愿景是每个人经过职业的发展实现职业目标的梦想。每个人都有长处和不足,其长处和不足都是在同外界环境的相互作用中确定的。只有尽可能地发挥长处、善用长处、弥补不足,使个人在机会的把握、兴趣的导航、技能的增长、性向的管理接近并重合于职业生涯愿景时,职业目标才能得以实现。

(三)职业生涯规划应注意的问题

1. 根据社会需求设计职业生涯

选择职业作为一种社会活动必定会受到一定的社会制约,任何人选择职业的自由都是相对的,如果择业脱离社会需要,将很难被社会接纳。高校学生选择职业要实现社会与个人利益的统一,社会需要与个人愿望的有机结合,个人职业目标和社会发展需要、国家战略布局相适应,这样才有机会实现自己的职业目标。所以,高校学生在进行职业生涯设计时,应积极把握人才需求的动向,把社会需要作为出发点和归宿。高校学生要以社会对个人的要求为准绳,既要看到眼前的利益,又要考虑长远的发展;既要考虑个人的因素,也要自觉服从社会需要。

2. 根据所学专业设计职业生涯

每个高校学生都有自己的专业,每个专业都有一定的培养目标和就业方向,经过一定的专业训练,具有特定的专业知识和技能,具有一定的优势,这就是高校学生职业生涯设计的基本依据。用人单位选择毕业生,首先依据的是毕业生某些专业方面的特长。高校学生进入社会后,主要运用所学的专业知识来实现职业理想。如果职业生涯设计脱离了所学专业,就在无形当中给自己增加了许多"补课"负担。高校学生对所学的专业知识不仅要精深,而且要广博,除了要掌握宽厚的基础知识和精深的专业知识,还要拓宽专业知识面,掌握或了解与本专业相关、相近的若干专业知识和技术。

3. 根据个人兴趣与能力特长设计职业生涯

职业生涯设计要与个人的性格、气质、兴趣、能力特长等方面相结合,充分发挥自己的优势,扬长避短,使人尽其才。要重点关注个人兴趣、能力特长与职业生涯设计的关系。

高校学生进行职业生涯设计时应适当考虑自己的兴趣与爱好。兴趣是个人积极探究事物的认识倾向,这种倾向常有稳定、主动、持久等特征。如果一个人对某种工作产生兴趣,他在工作中就会具有高度的自觉性和积极性,就会在工作中做出成就;反之,如果一个人对工作没有兴趣,就不可能将自己的精力投入工作中,也就不可能取得成功。但兴趣爱好也并不总是起着正向的驱动作用。比如,有的高校学生对什么都感兴趣,但没有形成自我特色;有的高校学生兴趣面太窄,不能形成优势;有的高校学生兴趣与所学专业不一致;等等。这些都会给高校学生带来困惑。这就要求高校学生在进行职业生涯设计时,对自己的兴趣进行客观分析,重新对自己的兴趣爱好进行培养和调整。

能力特长是人们成功地完成某种活动所必须具备的个性心理特征,是人们在社会实践中表现出来的身心力量。按照自己的能力特长进行职业生涯设计是高校学生应特别注意的问题,因为任何一份职业都需要一定的能力,不同职业有不同的能力要求。能力特长对职业的选择起着筛选作用,是求职择业以及事业成功的重要保证。需要提醒的是,知识多、学历高,不一定能力强,高校学生切不可以学习成绩作为评价能力高低的唯一尺度。高校学生应在对自己的能力特长有一个正确的自我认知和评价的基础上,根据自己的真才实学和能力特长进行职业生涯设计。

二、高校学生职业生涯规划的实施

(一)大学阶段职业生涯规划的实施

在个人职业生涯规划实施过程中,最重要的是大学阶段职业生涯规划的实施。只有把握现在,做好当前的事情,实现未来职业发展目标才能水到渠成。大学阶段的职业生涯发展有长远的方向性规划,也有阶段性的打算,应针对不同年级的任务和特点有侧重地规划实施,为毕业后的就业或继续求学做好准备。

高校学生在不同的学习阶段,学习的重点和心理特征也有不同的特点,大学一年级是适应期,大学二年级是探索期,大学三年级是冲刺期,阶段不同,所达成的目标也会不同。如适应期的目标是职业生涯认知和规划;探索期的目标是基本职业能力、职业素质的培养以及职业定向指导;冲刺期的目标是就业准备和指导。

1. 适应期——职业生涯认知和规划

步入高校大门的新生,有了"独立的成年人"这个新身份,对所有的事情都感到新鲜,新环境、新同学、新的学习和生活,无不吸引着他们的眼睛,无不需要他们去了解和适应。大学一年级新生应尽快对大学的学习生活有一个初步的认识,并合理规划高校生活,认清自己将来所要从事的工作和自己的不足之处,进而制定目标。这一阶段的具体任务和目标主要有以下两方面。

(1) 学业和能力

学会料理自己的生活,心理上要完成从少年到青年的转变;熟悉环境,结交朋友,认识老师,建立新的人际关系;始终保持向上的心态和拼搏精神,尽快掌握大学的学习方法,变被动学习为主动学习。明确自己应掌握的知识重点,努力学习基础知识,并培养和发展自己的兴趣和技能。例如,打好英语基础,为英语考级做好准备;掌握计算机技能,通过计算机和网络辅助自己的学习;学习基础专业课,认真见习实习,为深入学习专业课做好准备。

(2) 职业生涯

初步了解自己,根据所选的专业,了解自己未来大致的发展方向;认识职业生涯规划的重要性,初步了解职业生涯规划。进行职业潜能测评、职业目标制定等系统学习;初步了解职业,特别要了解自己未来想从事的行业或与自己所学专业对口的职业的有关情况;了解近几年的就业情况,课余时间要多与高年级同学和老师进行交流;对影响职业生涯的个人、组织、社会因素有全面、正确的认识和了解;初步确定职业生涯目标并制订一个科学而有效的职业生涯发展计划。

2.探索期——基本职业能力、职业素质的培养以及职业定向指导

大学二年级的学生在经过了一年高校生活的磨砺之后,渐渐回归到现实中来,此时应该着重夯实和拓展基础,分析自己的优势和弱势,进行自我完善,进一步探索并确定职业目标。

本阶段职业目标尚处在发展和待调整状态,因此,这一时期的首要目标是培养与提升通用技能和基本素质。如思想品德素质,建立正确的人生观、世界观和价值观;科学文化素质,拥有扎实的文化基础,学好专业基础知识,拓展自己的知识面;身心素质,包括学习、分析、解决问题的能力,组织协调能力,应变与沟通能力,以及良好的心理素质等。

(1)学业和能力

通过与师长的交流并结合本专业的职业定位,努力建立扎实的知识基础和合理的知识结构。努力考取英语、计算机、专业技能的相关证书,考取行业认证书,并有选择地辅修其他专业的知识来充实自己;在保证学业的同时,坚持参加社团活动,从中培养责任意识、组织能力、主动性、抗挫能力、人际交往与协调发展能力等;考虑未来是深造还是就业,并参加相关的讲座、培训等;思想上积极向党组织靠拢;尝试参加社会实践活动,在课余时间有计划地从事与自己职业目标或专业相关的实践活动或兼职工作。

(2)职业生涯

重视自我认识并做好就职前的心理准备。高校学生通过具体的、有针对性的职业心理测评,进一步调整职业生涯规划模式和学习目标,做出对自己、对社会、对国家、对民族有利的职业决策;在高校生活的新鲜感过去后,容易对生活失去信心和冲劲,要努力调整好自己的状态,避免产生彷徨与迷茫的心理,要相信自己的实力和解决困难的能力。

3.冲刺期——就业准备和指导

大学三年级进入找工作的准备阶段。此时必须确定是否要深造,如果不想继续深造就应该将目标锁定在工作申请及成功就业上。随着课程的减少和社会接触范围的扩大，高校学生要努力通过实践的机会增加自己的社会阅历和经验。从实用的角度出发，对求职技巧、面试经验、企业招聘方法、创业思路等进行培训和学习，以提高技能、实际操作及运用能力、人际交往能力和对求职要领的把握能力。

　　这一阶段的具体任务和目标有以下内容：对前两年的积累做好总结，检验自己确立的职业目标是否明确，前两年做的准备是否充足；提高求职技巧，学习写简历和求职信，练习或模拟面试；加入校友网，从已毕业的校友那里了解往年的求职情况；积极参加招聘会，在实践中检验自己的积累和准备情况；积极利用学校就业指导中心提供的便利，了解用人单位信息；重视对校内外实习资源的利用，对多种职业、岗位、人文环境有一定的了解和认识，在实践活动中培养多种能力；感受、体验社会大环境中的"酸""甜""苦""辣"，对自己的能力、薪资期望、心理承受程度有一个准确的定位。通过岗前技能培训，进一步认识自我、职业选择和职业发展，积极搜集即将从事的岗位信息和资料，探索所有可能的机会，实现由"校园人"到"社会人"的转变。

（二）入职后职业生涯规划阶段

　　大学毕业1~3年为职业实践阶段，也就是实现从学生向职业人角色转变的阶段。在实践阶段要注重第一印象，建立良好的人际关系；树立自信心，相信天生我材必有用；克服完美心理，做好自身职业规划；脚踏实地，做好艰苦创业的准备，要摆正自己在新岗位上的位置，切忌眼高手低，好高骛远，忽视身边的小事；要踏实勤奋，艰苦创业。大学毕业3~6年，在实践中随着自身素质和社会的发展变化形成职业意识。大学毕业6~10年，基本锁定职业。职业锁定既避免了高校学生高流动求职，减少了职业生涯不安定因素，又会给工作单位、社会带来稳定并创造更多效益。大学毕业10~15年，随着自身素质和社会发展的变化积极主动地开拓，进入职业开拓期。大学毕业15~40年，职业生涯前20年，工作以量为中心,延续后 20 年,工作以质为中心。这个阶段对人生目标有了明确理解,职业得以稳定。

三、高校学生职业生涯管理

职业生涯规划是一个动态的过程,在人生各发展阶段,由于社会环境的巨大变化和一些不确定因素的存在,会使原来制定的职业生涯规划与现实情况有所偏差,需要对职业生涯规划进行评估并作出适当调整,以更好地符合自身发展和社会发展的需要。在职业生涯规划过程中,评估与修正是一个再认识、再发现的过程。我们要时刻注意周围环境的变化,不断审视自我、调整自我,修正策略和目标,确保个人职业生涯规划的有效性。

(一)职业生涯规划的评估

评估是指在实现职业生涯目标过程中自觉地总结经验和教训,修正对自我的认知和最终的职业生涯目标。职业生涯目标在工作初期大多是模糊的、抽象的,有时候甚至是偏差较大的。在努力工作一段时间后,有意识地回顾,可以检查自己对职业目标的设定是否正确,是过高还是过低。不少人在经历一段时间的尝试和寻找之后,才了解自己到底适合哪个领域哪个层面的工作,在缺乏评估和修正的情况下这个时间段可能长达几年甚至几十年。在目标设定正确时,评估和修正可以纠正各阶段目标中出现的偏差,同时极大地增强实现目标的信心。

1. 职业生涯规划评估的作用

职业生涯规划评估有助于检验职业生涯策略是否得当。我们在制定职业生涯规划时,首先要进行自我评估,在此基础上为自己的职业生涯定下目标,并制定相应的实施策略,包括学习计划、培训计划、工作计划等。这些计划都是为了实现目标而制定的。但是,这些计划是否适当且有作用呢?这些计划实施之后,是否觉得自己离实现目标更近了呢?计划的实施效果如何,应该是我们最关心的问题。因此,我们在实施这些计划的过程中,要不断反省,定期对实际效果进行检验。

职业生涯规划评估有助于检验职业生涯目标是否适当。职业生涯规划的每项内容都建立在自我分析和客观事实的基础上。但是，世界每天都在变化，大到国际形势的突变、国家政策的调整，小到组织制度的改变、组织结构的变革、自身条件的变化，这些都是影响我们制定职业生涯目标的客观因素。同时，高校学生的心智不成熟，缺少社会阅历，加之大部分高校学生对自己评价过高，对于职业生涯的期待过高，并没有根据实际情况制定职业生涯目标，所以大部分人在制定职业生涯规划时极度盲目，制定的职业生涯目标与实际情况有很大的偏差，缺乏可操作性，这正是毕业生跳槽率偏高的原因。因此，要定期对职业生涯规划进行评估，要考虑所选择的职业是否适合自己，是不是自己心中最想做的工作。

阶段性评估有助于及时调整职业生涯规划。周围环境和我们自身是在不断变化的，如果不对职业生涯规划进行评估或很长时间才评估一次，就不能及时发现问题，并迅速做出改变。职业指导专家建议，要根据实际情况定期进行评估，及时纠正实施过程中出现的偏差，时间最好不要超过一年，每年评估一次是针对短期目标而言的，中期目标要 3~4 年评估一次，长期目标要 7~10 年评估一次。一般情况下，对中长期目标的评估要比对短期目标的评估花更长的时间，而且有可能对职业生涯目标的制定产生巨大的影响。

2. 职业生涯规划评估的内容

职业生涯目标评估，即是否需要重新选择职业。如果一直无法找到理想的学习机会和工作，那么就要根据现实情况重新制定职业生涯目标；如果一直无法适应或胜任最初制定的职业生涯目标，在学习工作中得不到应有的发展，导致我们长期压抑、心情不愉快，这时就应该考虑修正职业生涯规划。例如，在婚后，职业给家庭造成很多不便，或者家人反对自己所从事的职业，就要考虑调整职业生涯规划。职业生涯路径评估，即是否需要调整发展方向。当出现更适合自己职业生涯发展的机会，而原定的发展方向又缺少前景的时候，就应该尝试调整职业生涯路径。实施策略评估，即是否需要改变行动策略。例如，自己及家人无法在自己工作的地方定居、工作,可以考虑改变既定的计划;在一定区域和职业选择上得不到发展,可以考虑改变行动策略。其他因素评估,即对身体、家庭、经济状况以及机遇、意外情况的评估。如果家庭需要得到更多的照顾,我们应该把更多的精力投入家庭,甚至暂时放下工作;如果身体条件不允许,应适当降低对职业生涯目标的要求。

3. 职业生涯规划评估的步骤

对职业生涯规划进行评估和调整的时机因人而异。高校学生初次就业时,在经历了求职实践后,可以根据新的就业信息和供求情况,结合自身特点,对职业规划进行评估,并判定是否需要做出调整。在入职一年后对从业的实际情况进行评估,如有需要,及时作出调整。当然,由于目标的大小、完成时间的跨度不同,职业生涯规划的评估与调整可以一年进行一次或几次,也可以几年进行一次。调整的步骤有如下几方面。

(1) 确定评估的目的和任务

在着手做一件事之前,都要考虑为什么要做这件事,即目的是什么。所以,在做职业生涯规划的评估工作时要先确定评估的目的以及主要任务。评估的目标,就是要确定职业生涯目标是否合适,是否需要更改职业生涯路径,策略是否得当。

(2) 重新评估自己

对比现在的自己和过去的自己有何区别,分析个人条件的变化,检验自己在职业实践中的成果,职业初期要评估自己的职业素质是否符合目前所选择的职业,在职业中期则重点评估自己的工作绩效和职业发展情况。

(3) 重新评估职业目标

根据当前经济社会发展的情况,对职业目标在当前社会中的地位和发展趋势、对从业人员的素质要求与自身素质的匹配程度、所在企业的内外环境、个人实现目标的进度等方面进行评估,从而对短期目标、中期目标和长期目标分别做出调整。

(4) 调整行动方案

最终的调整要落实到行动计划上。结合现有的情况,审视哪些计划是合理的,哪些计划还有不足之处,哪些计划是需要放弃的,从而对短期计划、中期计划和长期计划分别做出合理、及时的调整。

(二)职业生涯规划的修正

职业生涯规划需要不断调整与修正,一个好的职业生涯规划需要具备可行性,需要有实施计划的具体措施和时间。但是职业生涯规划做得过细也会束缚个人的发展,可能丧失随时到来的种种机会,又会因为不切实际而缺乏可操作性。在影响职业生涯发展的许多因素都难以预料的情况下,要使职业生涯规划行之有效,就必须使其具有足够的弹性,在实践中不断进行评估与调整;就需要我们在实践中定时、定期地检验目标完成的情况,评估环境的变化,从而根据评估的结果对目标和策略方案进行合理的调整与修正。

1. 职业生涯规划修正的目的

修正是改正、修改,使其正确的意思。职业生涯规划修正的目的:对自己的强项充满自信;对自己的发展机会有清楚的了解;找出关键的、有待改进之处;为有待改进之处制订详细的行为改变计划;以合适的方式答复那些给予反馈的人,并表示感谢;实施行动计划,确保取得显著的进步和成就。

2. 职业生涯规划修正的影响因素

职业生涯规划修正的影响因素有个人因素、组织因素、环境因素。环境因素包括社会环境、政治环境、经济环境、科技环境、自然环境、法律环境等。从宏观层面认识职业生涯发展的局限和可能,个人只能适应却不能改变环境因素。组织因素包括组织规模、组织结构、组织文化、组织发展状况、人力资源规划、人力资源管理系统类型、晋升政策、人际关系等。要改变组织因素非常困难,但可以选择到最适合自己发展的组织中工作。个人因素包括年龄、性别、学历、工作经历、家庭背景、人格等。一方面要正确认识自己,另一方面要不断完善自己。个人和组织要适应环境因素,正确认识和分析组织因素、个人因素,寻求个人和组织的和谐发展。

3. 职业生涯规划修正的内容

职业生涯规划修正的内容有职业方向、策略和措施、行为心理。

(1) 职业方向的修正

职业方向的正确与否直接关系到职业生涯的发展是否顺利，是职业生涯成功与否的关键因素。在实际工作中，许多人都会发现自己的职业生涯发展不顺利，原因是最初制定的职业方向是错误的。制定职业生涯规划时，是根据科学方法施行的，为什么会出现职业方向选择错误的问题呢？其一，自己的爱好发生变化。最初的职业方向在很大程度上是依据个人兴趣和爱好进行选择的，随着时间的推移，在一些外部因素和自身条件变化的影响下，人的兴趣和爱好也可能随之变化，职业方向与新的兴趣爱好相冲突，所以职业发展不顺利。其二，缺乏对内外环境的客观分析。不少人在分析内外环境时，不进行实际的了解而进行主观判断，从而使自己对内外环境的认识出现偏差。其三，当初设计职业生涯规划时缺少对工作的真实经验，因为经验不足导致职业方向选择出现问题。职业方向的选择错误对于高校学生来说是很正常的，不要因为选择错误就丧失信心，迷失方向。但职业方向选择错误，会直接导致职业生涯目标和职业生涯规划路线的错误。因此，在综合分析、冷静思考后，要对职业方向、职业目标和职业生涯路线做出规划与调整。

(2) 策略和措施的修正

有时候职业生涯发展不顺利，并不是因为职业方向选择错误或职业目标有问题，真正的原因是，我们针对职业目标所制定的策略和措施不合适。在职业生涯规划中，我们会根据自己与这些目标之间的差距制定一些策略和措施。为了达到职业目标要求的素质，我们会有计划地参加一些培训，进行实践锻炼等。这些措施又可以具体到参加什么培训班，选择哪个老师等，这些都是影响职业发展的因素，因此当职业发展不顺利的时候，如果不是职业方向出了问题，就要考虑策略和措施是否得当，发现问题，要及时进行修改，以免影响日后的职业发展。

(3) 行为心理的修正

职业发展不顺利可能是由于职业方向选择错误或制定的策略和措施

有问题。当这两方面都没有问题时,就要考虑可能是由于心理和行为不匹配造成的。因此,要学会判断自己的心理状态。在职业生涯规划实施的过程中,首先,自己要相信自己的选择和判断,不要妄自菲薄,也不要盲目自大。其次,在确定好目标以后,一定要坚定不移地走下去,除非发现目标出现问题,否则不要轻易放弃自己的计划。最后,要保持乐观积极的态度,这样才会成功。

职业生涯目标的实现需要一个漫长的过程,要将大的长远目标,逐步分解到小的、近期目标,在实现小的、近期目标的基础上,逐步接近长远目标。但这种大的目标的实现离不开科学的决策,目标应该符合自己的实际情况,如果目标过于高远,则很难实现,只有将理想建立在实现的基础上,发挥自己的潜力优势,才能实现目标。

职业生涯发展要按照先努力在基层小单位工作,积累经验,培养能力,然后逐步向中层管理部门努力,最后指向终极目标的顺序制定。成为经理、总经理,除了要有丰富的实践经验,还要有较高的理论素养。实践经验可以在工作中通过不断地观察思考、总结、逐步积累来获得;理论知识可以通过自学来掌握,如阅读报纸和杂志,还可以参加相关培训等。职业生涯的发展道路不是平坦的,而是曲折的,有的人职业发展道路顺利,有的不顺利。顺利的人,往往目标确立得比较早,而且具有一定的能力,审时度势,意志坚定。不顺利的人,往往是因为在面对从事管理工作还是从事专业工作时,不知如何选择。不管从事哪种工作,都需要按照当时的情景确定职业发展目标,并一步步地走下去,完成自己的岗位职责,为社会的正常运转奠基,最终实现自己的职业目标。

(三)职业生涯决策的工具

1.决策平衡轮

在职业生涯决策中,常常会面临几种选择不知选哪种好的状况,比如,是继续升学还是就业?如果就业,是当公务员、去企业,还是当老师?是去A公司、B公司,还是去C公司?如果升学,不同的学校、专业,又该如何选择?在面对上述情况时,一种有效的工具是"决策平衡轮"。它是一种图形的方式,能够帮助我们比较直观、全面地了解和掌握情况,从而做出选择。

首先,在一张 A4 白纸上画一个尽可能大的圆,然后将圆分成八等份。在这种情景下将自己最看重的价值标准列出八个,依次写在圆的外围。在另一张白纸上做同样的事情。有几个选项就画几个圆,并等分和写下同样的价值标准,如图 5-3 所示。

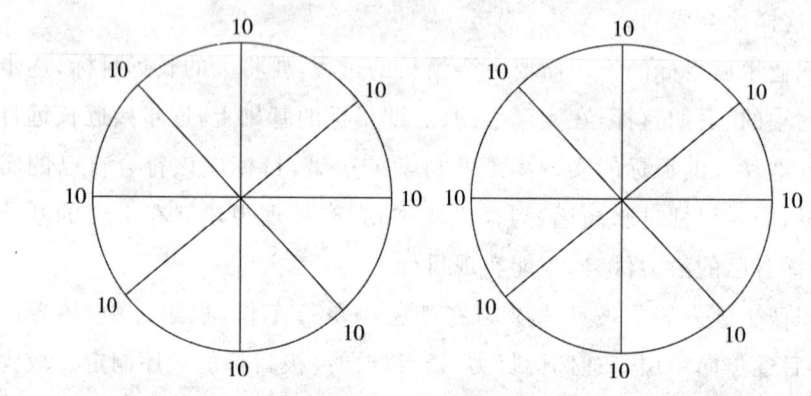

图 5-3 决策平衡轮

其次,给选择打分。如果圆心是 1 分,圆周代表 10 分,那么选择在这八方面的分数各是多少。用一条弧线在八个扇形区域中标出来,再将得分的部分用笔涂黑。接着,给其他的选择进行同样的打分并在图上标出来。

最后,将完成的几张图并排在一起进行观察,感受每个选择在不同方面的得分和布局。体会自己现在对于每种选择的整体感受和心中的倾向。在使用决策平衡轮时,列举各项考虑因素,给各个选择打分的过程很重要,它能帮助我们厘清思绪。常言说,一张图胜过千言万语。大脑通过图形的分布状况可以对每项选择产生一个整体印象,从而有利于个人做出适合自己的选择。

2. 决策平衡单

在决策过程中对多种选择进行评估排序时,可能会感受到该决定所涉及的各方面因素会有不同的重要性,需要以权重来体现。在做了决策平衡轮后,对具有习惯理性思维的高校学生来说,一个有效的方法是使用"决策平衡单",将重大决策的思考方向集中在四个主题上。包括个人物质方面的得失、他人物质方面的得失、个人精神方面的得失、他人精神方面的得失。在使用时,可以按上述四个类别列出个人所有的重要价值观并按其重要程度分配权重,然后将它们作为评判的标准,逐项对所有的选择进行加权计分,最后按总分排序。

在使用决策平衡单时,要注意其目的不仅在于得出最后的排序结果,填写的过程也很重要。因为列举各项考虑因素、给各项价值观分配权重以及给各项选择打分的过程本身,就是在帮助个人理清思路。这样一个仔细思索和反复推敲的过程,可能比单纯得出一个结果更为重要,更能够帮助个人做出适合自己的决策。

显而易见,这样的决策方式需要较多的时间和精力的投入。因为和许多事情一样,决策虽然有各种方法和技巧,但没有捷径可走。也正因为这种决定产生的结果具有十分重大的意义,我们才需要投入这么多的时间和精力。聆听和尊重内心深处的爱恨或直觉,从而做出身心一致、满意的选择。

高校学生通过沟通—分析—综合—评估—执行五个步骤循环,运用决策平衡单、决策平衡轮等工具按类别列出个人所有重要价值(或者职业生涯选项),并按其重要程度赋予权重,最终加权积分排序,或综合运用以上方法和工具,最终在可能的目标选项中初步选择最优职业生涯目标。

最优职业生涯目标应该符合六个要求。

(1)必须是明确的,不要含糊笼统,比如,不要说"我的目标是更好地利用时间",应该说"我一天只能花不超过个半个小时的时间来看电视"。

(2)可量化的,因为有一个可以衡量成功或失败的标准,从而可以准确地评价是否达到了自己的目标,比如"加强社会实践",应修改为"在这个月内,参加一个学生社团(摄影协会),并访谈两位摄影师"。

(3)可以达到但有挑战性,实现这个目标是现实的、可能的,但又有一定难度。

(4)目标有意义、有价值,并有奖惩的措施,实现这个目标能带给你成就感、愉悦感,反之,则会使你有所损失。

(5)有明确的时间限制,要有计划分步骤地在限定的时间内完成。以一星期、一个月或一学期为单位设立目标,会比将事情都堆到毕业前完成要有效得多。

(6)可控的,你对影响目标实现的因素具有相当的控制能力,你必须为自己的目标负责,而不能指望他人来实现一切,当你确实需要他人帮助时,你可以向他们表达,争取他们的合作,但同时你不能把期望看得太重,必须做好被拒绝的准备,确切地说,你能控制的只有你自己,因此你的目标也必须完全属于你。

这六个方面的要求可以使高校学生制定的目标有实现的可能,并且可以帮助制定者在一段时间之后,回顾总结自己所取得的进步与不足,明确自己该干什么以及干得怎么样。

(四)决策质量评估阶段

职业生涯规划是长期持续的过程。要使生涯决策行之有效,就必须不断对生涯决策进行评估与调整。要在实施中对决策进行评价与检验,及时诊断各个环节出现的问题与偏差,找出相应对策,对目标进行调整与完善。

1. 决策评估

决策评估阶段将针对初步选择的职业、工作进行决策评估与检验。

(1)决策者再次进行自我评估。一方面,随着决策者不断地实践与思考,决策者会对自己有新的认识;另一方面,环境在随时变化,所以有必要根据环境的变化回顾自己的职业生涯决策,思考这是不是自己想要的人生,如果继续这样工作和生活自己的感受是什么,继续什么和改变什么可以让自己的满足感最大等问题。同时考虑性格、兴趣、能力和价值观等自我评估中的哪部分需要重新进行,并确定自己是否仍然适合决策目标。

(2)要评估初步选择的生涯目标对决策者本人及家庭的影响。决策者的家庭成员以及与其关系重要的人都会干扰其有效决策的形成,因此决策者应广泛征求父母、老师等人对初步决策目标的建议,同时评估初步选择的生涯目标对生涯决策者和他人的影响。例如,如果选择继续深造,会给自己、父母、朋友以及周围的人带来怎样的影响,而且要尽可能列出决策目标的负面影响。

（3）决策者应关注社会环境中对自己职业生涯影响因素的变化，并分析这些变化对自己职业生涯目标的作用。此外，社会环境中流行的工作价值观、政治经济形势、产业结构的变动等因素都可能对初步选择的生涯目标产生影响。

2. 决策调整

结合决策评估的结论，决策者需要对决策目标进行调整。调整的内容包括职业的重新选择、职业生涯路线的调整和人生目标的修正等。及时调整生涯目标是为了使其在社会中找到真正适合自己的位置，并使决策者自身得到更好的发展。

无论评估结果与决策者的生涯发展规划冲突程度如何，决策者都应作出相应的调整，最终得到调整后的决策结果并执行。决策者把思考转化为行动，并在行动和实践中进行评估与调整，使整个职业生涯决策过程更加完善。

高校学生职业生涯决策是一个复杂的过程，职业生涯决策的有效与否将直接影响高校学生生涯发展的好坏。任何一个决策都是包含信息的搜集、目标的确定、评估与调整、决策行为反应的复杂过程。因此，根据实践的开展与环境的变化，对自身职业生涯决策进行评估与调整，将对高校学生做出有效的职业决策行为乃至就业提供指导和帮助。

第六章

高校学生职业生涯目标

一个人要想事业获得成功,需按照人生成功的规律来确定行动的目标和规划,没有目标的人如同航行在茫茫大海中的孤舟,没有方向,不知所终。正如希拉尔·贝洛克所说:"当你做着将来的梦或者为过去而后悔时,你唯一拥有的现在却从你手中溜走了。"因此,在现实的基础上,确定合理的目标,是我们漫长的职业生涯中的灯塔,它是努力的依据,更是对个人的鞭策。

职业生涯目标的设计与实施是职业生涯规划的核心内容之一。在深入地进行自我分析的基础上,对自己有了全面深刻的了解之后,就需要对自己的职业生涯目标进行抉择了。职业生涯目标是人生总体目标在职业领域理想的具体化,是个人在期望的职业领域中未来某个时点所要达到的具体成就。因此,目标抉择就是要明确自己想成为一个什么样的人,如:在行政管理职务上达到哪一级别,担任什么社会角色;在专业技术职务上成为哪一领域、哪一级别的专家,等等。所以,目标是职业生涯发展的方向,是人生事业能否成功的重要条件。

第一节 职业生涯目标概述

心理学家洛克的目标设置理论指出,人们只要将目标上升为自觉目标,目标就会对人产生强烈的激励作用,成为完成工作的最直接动机,可见目标对于职业成败的重要性。职业生涯目标的确立与实现,是职业生涯规划和设计的核心,也是职业生涯规划和设计中最艰难的一步。

一、职业生涯目标的含义

（一）什么是生涯目标

生涯目标，也就是我们常谈的人生目标，比如要成为什么样的人？该如何度过一生？怎样才能使人生过得有意义、有价值？怎样才能取得成功？怎样才能拥有幸福的生活？生涯目标是指引人生成长和发展的导航标。

（二）什么是职业生涯目标

职业生涯目标，就是指个人在选定的职业领域内未来某个时点所要达到的具体目标，包括短期目标、中期目标和长期目标，从而促使个人依据这种明确的职业目标，去规划自己的学习和实践，为实现职业目标进行积极的准备和付诸实际行动。职业生涯规划的评估与反馈过程是个人对自己不断认识的过程，也是对社会不断认识的过程，是使职业生涯规划更加有效的有力手段。

高校学生职业生涯目标是高校学生根据社会期望和自身发展的需要，确立自我奋斗的目标和发展方向。它不仅可以为高校学生的自我发展提供导向，也有利于调动高校学生的积极性、主动性和创造性；它既是高校学生自我发展的出发点和归宿，也是高校学生自我发展中的核心问题。

在职业生涯目标抉择中，不少人不了解生涯目标的意义与作用，认为订立目标只是一种形式，有没有目标照样可以工作和生活；有人认为制定目标是很麻烦的事，不愿意为此煞费苦心。但人生百年这么重要的事情如果没有个目标，把一生的命运完全交给别人主宰，自己盲目服从，就只是随波逐流地度此一生，岂不是遗憾终生吗？一个人要想事业获得成功，须按照人生成功的规律来制定行动的目标和规划。也就是说，一个未来的成功者，必定是一个目标意识很强的人。据研究发现，凡是在一生称得上"成功"的人士，都有明确的奋斗目标；这也正验证了"杰出人士与平庸

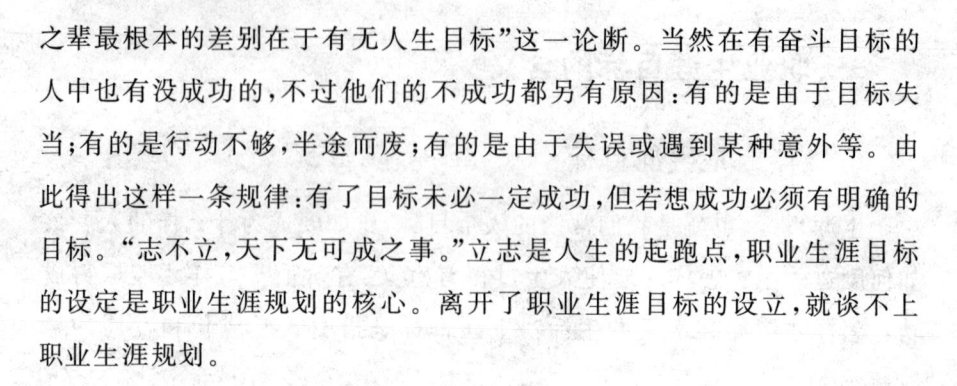

之辈最根本的差别在于有无人生目标"这一论断。当然在有奋斗目标的人中也有没成功的,不过他们的不成功都另有原因:有的是由于目标失当;有的是行动不够,半途而废;有的是由于失误或遇到某种意外等。由此得出这样一条规律:有了目标未必一定成功,但若想成功必须有明确的目标。"志不立,天下无可成之事。"立志是人生的起跑点,职业生涯目标的设定是职业生涯规划的核心。离开了职业生涯目标的设立,就谈不上职业生涯规划。

(三)高校学生职业生涯目标缺失的表现

国内调查表明,目前高校学生尚无制定或没有考虑职业生涯规划者占90%以上。对于个人而言,职业生涯是人生中重要而又短暂的阶段,需要我们每个人去认真设计规划。高校学生职业生涯目标缺失主要表现在以下几个方面。

1.目标意识淡薄

许多高校学生在进入高校后会产生茫然感和不安全感,多数学生对自身的生涯没有做过过多细致的规划,自身定位不清晰,也没有为自己确立合理的目标。面对众多选择必须由自己来做决定的局面,不知所措,结果不是被动地等待,就是随波逐流。由于生涯目标意识淡薄导致学习目标难以确立,面对浩如烟海的知识领域,哪些需要获取?哪些需要保存?怎样积累才能方便以后更好地使用?对此种种茫然不知。结果四年下来,仍不知自己做了什么、能做什么、适合做什么的大有人在。

2.目标定位模糊

从一开始做准备时就有明确的目标,意味着从一开始时就知道自己的目的是什么,这样才能有针对性地将工作集中到一个点上。不同的学生对大学抱有不同的期望,比如对高校生活的向往、想取得一个大学文凭、为就业做准备等,而对于自己适合学什么、做什么没有正确的认识,脑海中经常处于模糊状态。那种看似忙忙碌碌,最后却发现与目标南辕北辙的情况是非常令人沮丧的。这样往往是人不尽其才,才不尽其用,高不成低不就,给自己造成很大的心理压力,也给高校人才培养带来很大困惑。

3. 目标定向多变

高校学生在进行职业目标抉择时,容易受外界因素干扰,对职业选择缺乏坚定的信念,从而导致职业目标选择产生偏移和多变,致使目标和目标之间相互冲突需要协调,但有时并不能有效协调,以致发展阶段割裂甚至相互拆台、相互抵消。比如说有的学生看起来似乎很有目标意识,今天觉得掌握一门第二外语容易找工作,就去报名学第二外语;明天觉得别人有很多特长,自己没有就也去报名学音乐、书法等;后天又觉得考研是一条出路,就又去买书考研,如此不断反复,看上去很有主见、生活得很充实,但回头看看却一事无成,不仅专业荒废,其他方向也不能学以致用。

4. 目标准备盲目性

跟着目标走才不会迷路,同样,准备工作也必须有明确的方向与目标,盲目地准备往往只会是徒劳。因为知道需要准备,但不知道为什么准备,结果很可能就是该准备的忘记了,不需要的倒是做了不少,等再想回头补救时已经没有了机会。这是许多效率低下、不懂得有效学习和工作的人最容易出现的错误,他们往往把大量的时间和精力浪费在了毫无价值的准备工作当中。只有目标明确才不会盲目地浪费时间和精力去做那些无谓的准备。

5. 目标追求功利性

任何一个人的职业生涯都必须依附于一定的组织环境条件和资源,都必然受到一定社会、经济、政治、文化和科技环境的影响。正是这些因素的影响,使得学生在对出现的职业机会进行评估的过程中,产生功利心理,抱有"先占位置,再图发展"的思想。在自我定位和确定自己的职业目标时,不考虑自身的基础知识和职业技能,不认真根据自身和职业情况进行匹配,只注重职业的社会地位和职业薪酬。有的学生想若公务员能顺利考上就从政,不管自己喜欢与否,只看重公务员职位的稳定及社会地位。若考不上就退而求其次到企事业从事与所学专业相关的工作。

(四)高校学生确定职业生涯目标的必要性和紧迫性

职业生涯目标应该是经过各方面的权衡比较和长时间思考后确定的。科学表明,这种比较、思考的最佳时间应在大学阶段。因为高校学生正处于风华正茂的青春年龄,有着意气风发的青春朝气、日渐成熟的心理。高校学生能比较充分地思考自己的人生。在这个阶段确定自己的目标是非常必要的,而且现代社会的发展速度与社会需求,更加要求高校学生必须在大学阶段确定好职业生涯目标。

然而从最近几年的就业形势看,高校学生并没有完全认识到确定职业生涯目标的重要性,没有进行充分的思考,甚至有的人还忽视了这个问题。所以,在近几年的择业过程中,很多高校学生没有达到理想水平。

事实证明,如果在校学生缺乏明确的职业生涯目标,这种状况对他们的职业选择必然会产生明显的消极影响。所以,对于高校学生而言,高校生活并非单纯吸收知识,还需要思考自己的未来生活,为自己树立正确的职业生涯目标,并为此自觉加强相关能力的培养。

高校生活是"自我定位,规划人生"的过程,要在毕业之前对外界和自身的情况都进行全面、具体的分析,找到自身在社会的切入点,给自己一个准确的定位,选准适合自己的职业方向。否则只是盲目生活,很容易造成必要知识的欠缺与相关能力的匮乏。

许多高校学生找不到工作就是因为在这个阶段对人生无思考,对职业生涯目标缺乏规划。

二、职业生涯目标的结构

职业生涯目标是未来某时点要达到的预期成就。时点不同,成就可能就不一样,同时每一时点的成就也可能有不同的内容。

(一)职业生涯目标的时间结构

总的来说,职业生涯目标可分为两种情况:一是人生目标,这是职业生涯目标的最高点,也是最终职业生涯目标;二是阶段目标,这种目标是在通往人生目标的过程中所设立的,是人生目标的分解。

在人类历史上,大凡成功者,都有明确的人生目标,有了人生目标,人生的航船才有了方向,才不会随波逐流。

阶段职业生涯目标是实现人生目标途中的一盏盏航灯或路标。阶段性职业生涯目标可以定得粗一点,如 10 年、5 年,也可以定得细一点,如 1 年、半年、几个月、几个星期甚至几天。时间的划分不一定恰好是一个整段时间,如 1 年或半年,也可能是一个阶段目标完成的时间段,如参加两个月的培训,在某岗位上轮岗 8 个月等。其实,一次职业生涯计划所设计的职业生涯目标既有长期的,也有短期的。根据目标划分的一般标准,10 年以上的目标就被认为是长期目标,5 年以上、10 年以下的目标被认为是中期目标,5 年以下的目标被认为是短期目标,1 年以内的目标则为年度目标。

以下是一个职业生涯目标时间结构的例子。

人生目标:成为本企业高级工程师。总工程师,在汽车发动机设计领域成为在国内有一定影响的设计专家,年收入在 10 万元以上。

15 年目标:成为汽车发动机设计专业的高级工程师,在行业内部有一定影响,成为中层技术管理人员。

10 年目标:成为汽车发动机设计专业的高级工程师,独立或领导开发若干有创新的汽车发动机,进入技术管理初级领导岗位。

5 年目标:成为微型汽车专业工程师,侧重发动机研制,能够在课题组中承担重要角色,能独立开发某些部件,显示一定的创新意识和创新能力,赴国外参观学习半年左右。

3 年目标:参加一次为期半年的继续教育,熟悉汽车设计专业的所有业务,参与别人的新产品开发活动,协助资深工程师开发新产品,努力掌握必要的知识和技能。

2 年目标:在生产、销售部门轮岗,熟悉汽车发动机的生产过程,能够解决一些微型发动机生产过程中的技术问题,了解市场上各类汽车,特别是本厂汽车发动机在市场上的反馈信息,能够熟练地向客户介绍本厂产品的性能,特别是发动机的性能。

1年目标:在开发部门的微型发动机分部的各课题组间轮转,了解产品开发的程序、产品开发过程中的关键问题、产品工艺特点,熟悉基本操作,参加为期一个月的岗前培训和定位活动。

在职业生涯发展中,很多人的职业生涯目标并不是在退休时实现的,而是在退休前若干年就已实现,这时就需要确立新的人生目标。也就是说,人生目标也不是固定不变的。

(二)职业生涯目标的内容结构

职业生涯目标的内容也不尽相同,一般可以用下面所列内容的一个或某几个方面来表述。

1. 岗位目标

即在选择的职业领域要达到的岗位目标。在管理领域,就是各级管理岗位,如总经理、副总经理、部门经理;在技术领域,就是荣誉性技术岗位,如主任工程师、副主任工程师;对跨越两种以上的职业选择,如从事技术职业的同时兼职从事管理工作,岗位目标可以在两个领域分别确定,也可以是两者的结合,譬如总工程师。

2. 技术等级目标

职称通常是技术等级的衡量标准。如助理工程师、工程师、高级工程师、教授级高级工程师;技术工人的技术分等级,如"六级工""四级工"等。

3. 收入目标

经济收入是组织对员工贡献的回报。在日益发展的社会中,这种回报机制能够基本做到回报率的公平,因此,收入水平也被视为个人成就的重要标准之一。

4. 社会影响目标

一些贡献较大的人,不仅促进了企业的发展,而且也给社会带来了明显的福利。这些人的贡献不仅得到企业组织内部的肯定,而且也得到了社会的承认。因而,在设计职业生涯目标的时候应考虑到对社会的贡献和得到社会的肯定,树立远大理想,对于那些希望自己成为有益于社会的人来说,不失为一个英明的抉择。例如可以把职业生涯目标定为:

"本地区劳动模范""在本行业有一定知名度""成为国内某领域的著名专家""成为国际知名专家",等等。

5. 重大成果

重大成果也可以成为职业生涯的目标,例如负责一项大型工程的建设,设计出世界一流的汽车发动机,出版一部在全国有影响的学术著作等。

6. 其他方面

其他可以作为职业生涯目标的方面,包括社会地位、接受培训情况等。

三、设计职业生涯目标的原则

职业生涯规划的过程是个体探索自我、科学决策、统筹规划的过程。为了保证职业生涯规划的实用性和科学性,应该遵循以下四个原则。

(一)量体裁衣原则

这是做好职业生涯规划应当始终遵循的原则,也是最重要的原则。人与人之间的内、外在条件有很大的差异,他们的发展潜力无疑也会有很大的不同。因此职业生涯规划是一项完全个性化的任务,没有一个统一的定式,需要结合个体的具体特点和情况进行设计。

(二)可操作性原则

每个人都有目标和计划,但并非每个人都可以实现自己的目标、完成自己的计划,甚至有人根本不知道自己是否完成了计划,这就是目标的可操作性。职业生涯规划是为个体设定达成理想目标的规划和步骤,因此这些内容本身应该是具体明确的,而不是空洞的口号。其可操作性,主要包括目标的现实性、计划的可行性和效果的可检查性三个方面。

(三)阶段性原则

对职业生涯发展来说,人生的不同阶段承担着各自的发展任务,需要解决相应的发展问题,因此职业生涯规划也应该结合个体的年龄特征,确定具体的发展方向,制定阶段性的发展目标。在现实与最终目标之间设定一个个阶段性目标,就像从山脚到山顶的一级级台阶,每迈一步都能感到自己在朝最终目标前进,奋斗的过程就变得不那么缥缈,而是更具体、真实当然,在个体自身条件或外界环境发生改变时所规划的理想目标和阶段性目标都需要相应地改变,因此,这就要求所规划的目标存在可调的空间,可以根据实际情况进行改变。即使是最终目标,也需要结合不同阶段性目标的完成情况而不断进行修正。

(四)发展性原则

发展性原则是指为个体规划职业生涯发展时,不应仅局限于个体当前的发展,而且要考虑到个体未来的职业发展空间,职业生涯规划要有超前性和预测性。因此,职业生涯规划应该基于影响职业发展的核心因素和本质因素,而不是基于表面现象。比如,个体对企业文化的认识、合作与责任意识的水平可以长期影响个体的职业发展,而个人的外部形象和面试技巧仅仅能够说明个体短期的职业状况。因此,职业生涯规划要量评更核心和本质的因素,从个体长期发展的角色设计职业生涯规划。总之,在设计职业生涯规划时,我们需要从个体的实际情况出发,根据不同的年龄特征,制定具体可行的发展规划,同时兼顾近期目标和未来发展的关系。

第二节 职业生涯目标的确定

目标是职业生涯发展的方向,是人生事业能否成功的重要条件。因而,确立职业生涯目标对高校学生来说具有重要的意义。

一、职业生涯目标确定的基本步骤

职业生涯目标的抉择是以自己的最佳才能、最优性格、最大兴趣、最有利的环境等条件为依据的。离开了自身的优势,设定的目标是很难实现的,基本步骤如下。

(一)确定未来发展的总目标

今生今世,你想干什么？想成为什么样的人？想做哪一件或几件大事？想取得什么样的成就？想发挥自己哪一方面的优势与特长？想成为哪一专业的佼佼者？把这些问题确定后,职业生涯的总目标也就确定了。当然目标是建立在自我分析与内外环境分析基础上的,否则目标就失去了意义。

(二)确定未来十年的计划

根据人生的总目标,想想今后十年,希望自己成为什么样子？有什么样的事业？将有多少收入？准备做哪些家庭固定资产投资？要过上什么样的生活？你的家庭健康水平如何？你将获得什么样的社会地位？把它们仔细地想清楚,一条一条地计划,记录在案。

(三)确定未来五年的计划

确定出五年计划的目的,是将十年计划分阶段实施,并将计划进一步具体化、详细化,将目标进一步分解。

(四)确定未来三年的计划

俗话说,五年计划看头三年。因此,学生的三年计划,应比五年计划更具体、更详细。

(五)确定明年的计划

确定出明年的计划以及实现计划的步骤、方法与时间表。务必要具体、切实可行。如果从现在开始制定目标,则应单独确定出今年的计划。

(六)确定下月的计划

下月计划应包括下月应做的工作、应完成的任务、质和量方面的要求、财务上的收支、计划学习的新知识和有关信息、计划结识的新朋友等。

(七)确定下周的计划

下周计划的内容要非常具体、详细并数字化、切实可行,而且每周末提前计划好下周的计划。

(八)确定明日的计划

明天计划要做哪几件事?哪几件事是最重要的非做不可的?把它们挑选出来,取最重要的3~5件事,按事情轻重缓急,按先后顺序排好队,明日按计划去做。按照事情的轻重缓急去做事,可以避免"捡了芝麻,丢了西瓜",这对提高一个人的办事效率是大有好处的。

二、职业生涯目标确定的基本方法

人生要确立一个什么样的事业目标,这要根据主客观条件和可能性加以设计。每个人的条件不同,所以目标也不可能完全相同,但确定目标的方法是相同的。下面介绍其基本要点。

(一)目标设定

目标设定就是对你的生活进行控制。如果你不知道想要什么,又怎么知道你该怎么做?又怎么知道你是否接近或者达到了目标?目标对每个人的成功都至关重要,明确的目标就像是人生航船上的罗盘。航船出海,带上罗盘是第一要求,因此,制定目标是人生第一要素,也是开启人生之路的第一步。因为目标就是动力,就是方向,只有朝着确定的目标不断前进,才能成就丰富、成功的人生。

(二)从想象开始

如果你想拥有一些东西,它们是什么?如果你可以是任何人,你会是谁？想象一下你和一个 20 年后的人交谈，他是什么样的？他会怎么说、怎么想？会给你什么建议？再回想一下你童年时代的梦想吧，这不是无聊的行动。因为没有很好地考虑到自己，所以许多人没有得到他们自己想要的。

（三）记录下来

记录下来看似简单，但它是你在认识自己的目标当中关键的一步。有人说目标和愿望的不同是因为目标是记录下来的，相信它，在纸上写下你的目标，这不但可以让你更明确地"看"到你的目标，而且可以使目标更容易操作、集中，更容易区分优先次序和应用。

（四）平衡各种目标

不要让你自己仅局限于职业目标（每个人都梦想成功），在你生活的各个方面都应建立目标。用下面的字头（记住，在纸上），即物质的（家庭，财务，职业，社区服务）和精神的（宗教信仰、社会活动等），将相关目标表示出来。目标设定是一个巧妙地提醒你考虑你在合适的领域和在你的生活中建立新的平衡的方法。

（五）实现目标

决定什么是可达成的目标很难，需要考虑很多问题。只有自己可以决定什么对自己来说是切合实际的。但是要记住，建立过高的目标要优于建立过低的目标。

（六）使各种目标互相兼容

假如确立了一个被晋升为公司高层管理人员的目标和一个每周工作不超过 40 个小时的目标，这些目标肯定是不兼容的。为什么？因为可以想象你的公司将会要求你在非正常工作时间内处理一些问题，参加计划制订、出席会议和出差。如果一个人想把更多的时间花在家庭上，减少自己的工作时间，最好考虑成为公司的首席执行官。这些目标是相互影响、相互结合的。

(七)使各种目标具体化和可度量化

例如,想有好的阅读能力,这意味着需要考虑小说、传记、当前事件或者某些组合;应该阅读多少本书;什么时候想完成等。如果读者不能用数字或者数据量化自己的目标,那目标就不够具体,完成的时限将遥遥无期。

(八)将长期目标分解为短期的周目标

最后期限是一个有魔力的可以达到目标的方法,就是让你自己有很多的最后期限。写下你的周目标,如果知道自己五年后怎么样,那么同样会知道你今年该怎么做,这周该怎么做,怎么去完成它。第七点中的例子,如果你想在五年内读60本经典小说,你知道这周你得读《战争与和平》的第四章(好运),写下它们。这种切割和征服的游戏计划可以立刻给你带来较小的成就感。这可以使你有足够的动力坚持下去。

(九)经常检查自己的目标

每日快速地检查是好的,但千万不要忽视每周的目标检查制度。通过你已完成的计划,增加或者减少其他的。哪些你忽视了?哪些你迅速避免了?这时你可以清楚哪些你可以真正达到,哪些仅仅是纸上的梦想而已。修改或者放弃某些目标,放弃它们你将会感到好过一些,然后重新考虑那些你很重视的,也会感觉很好,这样就可以很好地安排你的生活了。

(十)将目标确立看成一个过程

每周当你通过主计划安排周计划时,都可以做一些调整。这是一个发现什么对你来说最重要的自然结果。尽量使调整自由一些,记住:对目标的调整同你达到目标一样重要。真实的目标给你建议,而不是对你个人发展的约束。

(十一)坚持下去

你可以自由地改变你的计划并不意味着你必须这样做,最关键的是坚持。如果你不放弃,有多少目标会失败呢?几乎很少!成功的人可以铲除或者绕过障碍。只有当目标对你失去意义时再去修改它,千万不要仅仅因为它太高、太难或者你受到挫折而放弃它。

(十二)从这一分钟开始

只要愿意开始计划,那么不论什么时候都不晚。从这一分钟开始,抓紧一切时间,制定第一个目标并全力完成它,就相当于向成功迈进了一步。

三、制定职业生涯目标应注意的问题

(一)要注重对职业生涯发展环境的分析

在制定职业生涯目标时,对环境的分析是其重要环节,进行环境分析主要包括三个方面。

1. 对组织环境的分析

对组织环境的分析,应是个人着重分析的部分,因为组织将是实现个人抱负的舞台。西方有句关于职业发展的名言:"你选择了一个组织,就是选择了一种生活。"特别是现代组织越来越强调组织文化建设,对雇员的适应生存能力要求越来越高,因而应对自己将寄身其中的组织的各个方面详细了解。在知己知彼的基础上,寻求具有相同价值观的组织,才是个人融入组织的最佳选择。组织环境分析包括六个方面的内容。

(1)组织特色分析。了解组织的风格与经营理念,以判定跟个人的价值观是否吻合,具体包括组织的规模、组织结构、组织文化、人员流动性等内容的分析。

(2)组织经营战略分析。战略决定了组织未来的发展趋势,也影响着个人的发展空间,具体包括组织发展战略、组织发展措施、组织的竞争实力、组织发展态势分析等。

(3)人力资源状况评估。根据现状分析个人的发展机会,具体包括人力资源需求预测和组织的升迁政策、培训方法、招聘方式等。

(4)人力资源管理分析。包括人事管理方案、薪资报酬、福利措施、雇员关系等。

(5)组织工作环境与特性分析。包括组织是集权式管理还是授权式管理,组织氛围如何等。通过对组织环境的分析,了解、判定个人在组织中的发展机会与空间。

(6)组织人际关系分析。弄清个人职业发展过程中将同哪些人交往,其中哪些人将对自身发展起重要作用;工作中会遇到什么样的上下级、同事及竞争者,对自己会有什么样的影响,如何与他们相处等。

2. 对社会环境的分析

个人与组织的发展都离不开一定的社会经济环境。社会环境为人的发展提供了条件和可能性。当前我国社会正处在快速转型期,作为即将步入社会的高校学生,应该善于把握社会发展脉搏。这就需要对社会大环境进行分析。对社会环境的分析主要包括三个方面。

(1)社会政策分析。弄清社会上哪些是可以做的,哪些是不能的;哪些事是现在可以干的,哪些是将来有潜力的;当前社会热点职业门类分布及需求状况;所学专业在社会上的需求形势;自己所选择的职业在目前与未来社会中的地位;自己所选择的单位在未来行业发展中的变化情况,在本行业中的地位、市场占有率及发展趋势等。

(2)社会变迁与价值观念分析。了解当前社会、政治、经济发展趋势;社会发展对自身发展的影响;弄清信息化社会对生涯发展、人才成长、价值观等的影响。

(3)科技发展的趋势及其影响分析。包括知识的积累和补充、理论更新、观念转变、思维变革等产生的影响。对这些社会发展大趋势问题的清醒认识,有助于把握职业社会需求,使自己的职业选择紧跟时代发展的步伐。

3. 对经济环境的分析

经济环境对人的生涯发展有着直接、重要的影响。这些影响包括三个方面。

(1)经济发展的影响。将不断出现新行业,使机构增加、编制扩容、就业和晋升机会增加等。

(2)经济模式变化。市场经济的发展,知识经济的到来,对就业、发展、素质提出了更高要求。

(3)经济全球化带来的经营策略的变化、经济法规的调整、对从业人员素质的要求使竞争压力增大等,都会影响个人的生涯发展。

只有弄清了环境对职业发展的作用及影响,才能更好地进行职业目标定位。

(二)要符合社会与组织的需要

职业生涯目标如同一种"产品",这种"产品"有市场,才有"生产"的必要。故在确定职业生涯目标时,要考虑到内外环境的需要,特别是要考虑到社会与组织的需要。有需求,才有市场、有位置。同时,目标必须符合党和国家的方针政策,符合道德规范,不损害社会的利益,不会给任何人带来痛苦和损失。这样的目标才能引导自己走上成功之路。否则,它将引导你走向邪路、走向失败之途,还将给国家和社会造成损失,也将毁掉自己的前途。

(三)要适合自身的特点并建立在自身的优势之上

不同的人有不同的特点和优势。将目标建立在个人优势的基础上,就能左右逢源,处于主动有利的地位。要选择与自身长处相符或相近的目标。在目标选择时应注意以下两点。

1. 人之才能,各不相同

目标选择不能偏离自身长处,否则便是跟自己过不去,自己为自己的前进途径设置障碍。有的人选择目标时违背以上原则而误入歧途,他们的失误在于不是凭自己的爱好,而是盲目追逐世俗的热点。所谓凭自己的爱好,可以进行具体分析,倘若你的所爱正是你的所长,那么不在纠正之列;可有的人所热爱的正是他所短缺的,这就很容易视"所爱"为"所长",步入误区而不能自拔。

2.才能相近

所谓才能相近,指的是才能之间跨度不大,如写字与绘画,体育表演与杂技表演,写小说与写话剧,党的工作与团的工作,工业管理与商业管理,等等。但是,才能相近,也需要花费相当的气力才能做到相符。自己的才能长处与自己的目标方向一致,才能长驱直入,事半功倍。

(四)要高远但决不能好高骛远

一个人追求的目标越高,其才能就发展得越快,对社会越有益,所以不能根据现有能力制定目标。人不可能超过自己设定的目标,因此自我的人生目标就是自己的发展水平的上限。但人的潜能又是巨大的,只要能不断挖掘,就能够取得了不起的成就。

著名作家高尔基说过:"我常常重复这一句话,一个人追求的目标越高,他的才能就发展得越快,对社会就越有益,我确信这也是一个真理。这个真理是由我的全部生活经验,即是由我观察、阅读、比较和深思熟虑的一切确定下来的。"人的生涯目标,应追求符合实际的远大目标。在与实际相符合的范围内,自我确定的目标越高,其发展前途也就越大。"志存高远","存"者,存乎于心中也。这是说,当前的行动要立足于现实,心中要有符合实际的崇高而远大的抱负,如此,则前途无量。有了远大的目标,能起到激励作用,促进学习,改进工作方法,为达到目标而发奋工作。所定目标如果仅限于自己能力范围之内,只求工作轻松省力,回避新的激励,结果就会使人陷于畏缩不前、消极保守的状态。可见,设定一个远大的目标可以发挥人的更大潜能,目标越高远,人的进步就越大。

当然,目标也不能过高。如果目标过高,则使人悬在幻想的高空,在现实生活中必然一事无成,目标就失去了意义。不切实际、盲目过分地提高目标,也会因好高骛远而招致失败。同时,值得注意的是,目标不是理想、希望,而是理想与希望的具体化。理想是对未来事物的想象或希望,是一种崇高的精神境界,而目标是实践的、具体的。目标与理想的关系是目标指向理想,二者虽有关系,但不能相互替代。

(五)目标幅度不宜过宽

在目标确定过程中,最好选择窄一点的领域,并把全部身心力量投入进去,这样更容易获得成功。奋斗目标有高有低,专业面有宽有窄。在目标选择中,是宽一点好,还是窄一点好呢?一般来说,专业面越窄,所需的力量相对就越少。换句话说,用相同的力量对待不同的工作对象,专业面越窄的,其作用越大,成功的机会也越多。所以,职业生涯目标的专业面不要过宽。例如,某人想成为一名人力资源管理专家。此目标定得就太宽,因为人力资源管理包括招聘、薪酬、福利、培训、绩效考核等许多领域,一个人的精力有限,要想成为人力资源管理各方面的专家,似乎有点不太现实。但如果你想成为一名薪酬专家,经过几年的努力,就有可能实现。

(六)要注意长期目标与短期目标间的结合

职业生涯目标应长短结合。长期目标指明了发展的方向,可以鼓舞斗志,防止短期行为;短期目标是实现长期目标的保证,没有短期目标,也就不会有长期目标。特别是在职业生涯发展过程中,通过短期目标的达成,能体验到达成目标的成就感和乐趣,鼓舞自己为了取得更大的成就,而向更高的目标前进。长短结合更有利于生涯目标的实现。但是,只有短期目标,看不到远大的理想,也会影响奋斗的激励作用,还会使事业发展摇摆不定,甚至偏离发展方向。

需要指出的是,职业生涯规划中的职业目标同日常工作目标有很大的差异。工作目标是个人在当前的工作岗位上想要完成的任务目标,可以是自设的,也可以是组织定的。工作目标一般是较具体、同本职工作紧密相关并随时间而变化的短期目标。职业目标相对来说是较为抽象的长期目标,而且不一定完全同当前的工作有关。但是,职业目标的达成,尤其是计划在单一专业或组织内部提升的目标,同当前工作目标的选择及完成情况关系密切。可以说,选择适当的工作目标并很好地实现这些目标是最终达成职业目标的最佳途径。

(七)目标要明确、具体并可以量化,同一时期的目标不要太多

目标越简明、越具体,就越容易实现,越能促进个人的发展。目标就像射击的靶子一样,清清楚楚地摆在那里。做什么、做到什么程度,要有明确具体的要求。比如,从事某一专业,到哪年、学习哪些知识、达到什么程度,都要明确、具体地确定下来。目标明确不仅指业务发展目标,而且与之相应的其他目标也要明确具体。比如,学习进修目标、思想目标、经济收益目标、身体锻炼目标等,这些目标也要有明确的要求。同时要做到互相配合、共同作用,促进个人的身心、生活和事业的全面发展。无论是什么目标、都要有"时间"和"度"的要求。只有这两者完全结合,才能成为明确的目标。比如从事某一管理工作,在什么时间,达到什么能力,达到什么级别等。没有时间限制的目标是难以实现的,因此,目标要有明确的时间限制。

同一时期目标不宜过多,应相对集中。要实现人生目标,成就一番事业,必须把目标集中到一个焦点上。集中一个目标,并不是说你不能设立多个目标,而是你可以把它们分开设置。具体说,就是一个时期一个目标,拉开时间差距,实现一个目标后,再实现另一个目标。美国的卡尔森从一个推销员而成为知名的企业家,他保持不断前进的动力,就是不断定下更为远大的目标。卡尔森有一个习惯,就是把生意的发展目标写在纸上。当他达到这个目标时就再换一张纸,再制定一项新的目标。他还把目标用广告牌竖立在公司的餐厅门前,使公司从业人员每天都能看得见,他是在用目标推动企业不断地向前发展。

(八)要注意职业目标与家庭目标以及个人生活与健康目标的协调与结合

人生除了事业目标外,还有财富、婚姻、健康等问题。事业的成功,家庭与健康是基础和保障,并直接影响着人生事业的发展和生活质量。所以,财富、婚姻、健康也是人生的重要组成部分,在制定职业生涯目标时应加以考虑。人生立志创一番事业,物质基础是必要的,没有一定的物质基

础,事业也难以得到发展。所以,在制定人生事业目标时,应适当地对个人的收入问题加以规划。其规划的方法是:计划好自己所希望得到的数量,今年、明年、后年希望得到多少,可以把计划记录下来,形成文字,不要含糊不清。婚姻也是人生中的一件大事,处理得好,有助于事业的发展,一生幸福;处理不好,不但影响事业的发展,而且终生痛苦。人人都希望健康、长寿,事业发展也离不开健康。许多人,年轻时用身体换金钱,年老时用金钱买健康。如果你渴望这辈子过得幸福、健康长寿,那么希望你还是趁早把"健康"二字提到议事日程上来,从现在起,把你的健康计划纳入规划目标。

值得注意的是,无论是你的事业目标,还是你的健康目标,一旦确定后,就要坚决执行。要明白人的生命与成败掌握在自己手中,规划好自己的人生和发展,是你的义务、责任,也是你的权利,更是决定你一生伟大与平凡、成功与失败的关键。

第三节　职业生涯目标的实现

有了计划就要行动,有了目标就要实现,实现就是通过行动把目标变成现实。这是职业生涯规划中最艰难的一个步骤,因为这意味着要停止梦想而切实地开始行动,如果动机不转化成为行动,动机终归是动机,目标也只能停留在梦想阶段。远大理想的实现并不能一蹴而就,正如朗费罗所说的:"我们命定的目标和途径,不是享乐,也不是受苦,而是行动,在每个明天,都要比今天前进一步。"

一、确定职业生涯发展路线

(一)职业生涯发展路线的含义

所谓职业生涯发展路线,是指向专业技术方向发展,还是向行政管理方向发展。不同的发展路线对从业者的素质要求不同,今后的发展阶梯也不同。

发展方向不同,要求也不同。这就如登山,要达到山顶的目标,就要选择最佳的登山路线与方式。人们也常说条条大路通罗马,讲的是途径多、选择多、办法多的道理,可是那么多途径到底哪条是到罗马最近、最好走的路呢?这就是实现目标中的路线选择问题,选择了捷径好路,就易于进入职业发展的快车道,否则,就会耽搁在路上。而且没有一个职业发展的路线蓝图,就会走错路、走弯路、走回头路,这将直接影响我们的心情和成就,导致我们的努力、动力、能力不能直接作用于目标,导致资源、时间、精力的浪费,在无形中延长了我们成功的期限。因此,在职业确定之后,必须对职业生涯路线进行选择,以使今后的学习和工作沿着职业生涯路线和预定的方向发展。

在职业生涯发展路线选择过程中,可以针对下面三个问题询问自己。

①我想往哪一条路线发展?

②我适合往哪一条路线发展?

③我可以往哪一条路线发展?

职业生涯发展路线包括一个一个发展阶梯,我们可以由低阶至高阶步步上升。例如,大学教师的职业生涯发展路线通常是:助教—讲师—副教授—教授,而在企业中,财务人员的职业生涯发展路线可以是会计员—主管会计师—财务部经理—公司财务总监。

每个人的基础素质不同,适合的职业生涯发展路线也就不一样,有的人适合搞研究,能够在专攻领域求得突破;有的人适合做管理,可以成为一名优秀的管理人员。

(二)职业生涯发展路线的途径

职业生涯发展路线的途径主要有三种,即专业技术型发展途径、行政管理型发展途径和自我创业途径。

1.专业技术型发展途径

专业技术型发展途径指工程、财会、销售、生产、法律等职能性专业方向。共同的特点是：都要求有一定的专门技术性知识与能力，并需要有较好的分析能力，这些技能必须经过长期的培训与锻炼才能具备。如果一个人对专业技术内容及其活动本身感兴趣，并追求这方面的提高和成就，喜欢独立思考，而不喜欢从事管理活动，专业技术型发展途径便是他最好的选择。相应的发展阶梯是技术职称的晋升及技术性成就的认可，奖励等级的提高及物质待遇的改善。如果一个人在开始时选择了专业技术方向，但仍然对管理有兴趣，并且希望在管理领域做出一番事业，也完全可以跨越发展。即，一开始从事某种技术性专业，不断积累充实自己的专业知识，打下坚实的技术基础；然后，在适当的时候，转向专业技术部门的管理职位。事实上，现代社会中的很多单位都有这样的客观要求。

2. 行政管理型发展途径

如果一个人很喜欢与人打交道，处理起人际关系问题得心应手，并且由衷地热爱管理，考虑问题比较理智，善于从宏观角度考虑问题，善于影响、控制他人，喜追求权力，那么行政管理型发展途径就是他最恰当的选择。把管理这个职业本身视为自己的目标，相应的发展阶梯一般是从基层职能部门开始，然后向中级部门、高级部门逐步提升，管理的权限越来越大，承担的责任越来越大。此途径的前提条件是个人的才能与业绩不断地积累提高，达到相应层次职位的要求。行政管理型发展路线对个人素质、人际关系技巧的要求很高。那些既有思维能力又善于处理人际关系的人，总是能够成为任职部门的主管干部，甚至做到组织分管技术工作的副总经理、总监、副院长、副厂长等高层职位；而那些虽然善于处理人际关系，但却是欠缺思维分析力以及感情耐受力较差的人，就只能停留在低层领导岗位上，可见不断地学习使自我提高是多么重要。

3. 自我创业途径

现在，有很多人选择了自我创业的途径。创业自有快乐，但创业途中的艰难也不是常人能够想象的。客观上，要有良好的机会和适宜的土壤，主观上创业人不仅有强烈的创造与成就愿望，而且心理素质要高，能够承担风险，善于发现开拓新领域、新产品、新思维。

(三)职业生涯发展路线选择的意义

生涯发展路线选择是人生发展的重要环节之一,在进行生涯路线选择时可以从三个方面考虑:一是个人希望向哪一条路线发展,主要考虑自己的价值、理想、成就动机,确定自己的目标取向;二是个人适合向哪一条路线发展,主要考虑自己的性格、特长、经历、学历等主观条件,确定自己的能力取向;三是个人能够向哪一条路线发展,主要考虑自身所处的社会环境、政治与经济环境、组织环境等,确定自己的机会取向。职业生涯路线选择的重点是对生涯选择要素进行系统分析,在对上述三方面的要素综合分析的基础上确定自己的生涯路线。

了解了不同公司的职业生涯阶梯设置模式,对于求职者职业生涯路线的选择而言具有重要意义。

1. 就一般情况而言,组织内部的生涯发展轨道越多,个人的发展机会就越多,对个人的发展就越有利。因此,在进行职业生涯路线选择时,要尽可能选择那些职业生涯阶梯较多的组织,并在选定的路线上尽快朝着目标前进。

2. 生涯发展路线的选择要综合考虑自己的专业背景、个人经历、知识能力等综合因素。学文科的学生一般会选择走行政管理路线,学理工科的学生一般会选择走专业技术路线。

3. 职业生涯发展路线不是固定不变的,可能在一定时期出现交叉与转换。如有些人先走专业技术路线,到一定程度后"学而优则仕",再走管理路线,许多专业技术人员都会走此路线。相反的路线转化也存在,特别是当人年轻的时候,认为自己有领导能力适合走"仕途",工作了几年之后发现自己很难适应行政管理工作,转过头来再考硕士生、博士生,再转换路线的人也很多。生涯发展路线的转换可以根据自身的情况与处境来决定。

(四)职业生涯发展路线的类型

1. 典型的职业生涯发展路线

典型的职业生涯发展路线是一个V字形的图形。假定一个人22岁大学毕业参加工作,即 V 形图的起点是 22 岁。从起点向上发展,V 形图的左侧是行政管理路线,右侧是专业技术路线。按照年龄或时间将路线划分为若干部分,并将专业技术等级或行政职务等级分别标在路线图上,作为自己职业生涯的目标。当然,职业生涯路线也可能会出现交叉与转换,这可以根据自身的情况规划出与之相应的职业生涯路线。

2. 直线型

直线型即一生只从事一种职业,不断学习和提高专业技能,积累经验和资历,在这个职业的一系列职位中发展,最后获得成功。比如只从事教师职业,先后担任助教、讲师、副教授和教授。这一路线只有一个通道,目标清晰明确。从业者通常做垂直运动,其目标就是晋级,这不仅需要个人的努力,更需要组织的栽培。

3. 螺旋型

螺旋型即在实现目标的过程中从事两种或两种以上的职业,不断学习和提高多种技能,培养灵活的就业能力,不断积累,提升人力资本,在不同职业甚至不同行业中寻求发展。如做过外贸、信息收集员后,再担任某网络公司策划总监,原有的市场经验和信息收集分析的经验就为从事策划奠定了基础。此种路线的通道不明晰,总在追求心理成就感的满足,呈螺旋型上升,主要靠个人的设计与管理。此种路线如今在我国随处可见,主要原因有:体制改变,取消了户籍限制,提供了人员自由流动的可能;人们的观念发生变化,由于计划经济条件下那个虽不富有但稳定可靠的企业不见了,长期安全的承诺成为空话,组织保障变成了自我保障,因此提升自己的就业能力成为内心的强烈需求。就业压力增大,一步到位的就业模式难以实现,人员流动性增大,所以不成熟的从业者在寻寻觅觅中完成职业成熟过程等。

4. 跳跃型

跳跃型即为一生中职务等级或职称等级不是依级晋升,而是越级晋升。出现越级晋升的原因主要有:组织因规模扩大等原因,人员紧张,岗位出现空缺,任命急需之时;为符合政策规定,破格提拔人员;个人在学术、业务方面刻苦钻研,成果显著,脱颖而出等。此种模式可用较短的时间到达较高职业高度,但是需要机遇或个人的特别努力,并非普遍的。

5. 双重型

双重型指有两个可以相互跨越的职业生涯发展途径,可自行决定其实现目标的路线。该路线让管理层级和技术等级在各个水平上有可以比价的报酬、责任和影响力。相对的是单线型路线,指只能有一个职业生涯发展路线,或是管理型的,或是技术型的。一般技术型人员发展机会相当有限,在职业地位、薪资、发展机会等各方面都不敌管理型人员。走双重型路线的大多为专业技术人员,他们可以从一条技术路线和两条管理路线中选择一条自己最适合的,以降低改变职业路线的成本。

二、职业生涯发展的运动形式

职业生涯发展的运动形式是现代人力资源管理的关键。组织为雇员建立科学合理的职业生涯发展运动形式,对调动他们的积极性与创造性,增加对组织的忠诚感,从而促进组织的永续发展,具有重要的意义。职业生涯发展运动形式多种多样,但概括起来主要有三种:向上运动形式、横向运动形式和中心运动形式。

(一)向上运动形式

向上运动形式是沿着组织的等级,跨越职位等级边界向上运动,即通过职位升迁而向权力中心移动,其职业地位、报酬、责任及技能要求都会随之有所提高。在组织中工作的多数人在其职业道路上沿着一个等级维度移动,也就是说,他们获得若干次的提升,达到了他们所属的职业或组织中的一定层面,如由部门副经理上升到部门经理。

在传统的职业模式中,这种运动形式较为常见。一个人的职业一生很少发生变动,即使有变化也是在组织内部,通常与一位雇主保持长期的雇佣关系。职业发展路径和阶段可以看得见、摸得着,比较标准化,可以预期。组织是线性的等级结构,较高的等级意味着较大的权力、责任和较高的薪金。职业发展的主动权在组织手中,职业生涯管理的责任主要由组织承担,人们更注重工作的安全感。组织成员往往先从基层做起,经过多年的经验积累逐步沿着特定的线性等级向上升迁,等级越高,获得的权力也越大,同时承担的责任也越大,相应的报酬也更高。

(二)横向运动形式

横向运动形式指跨越职能边界的横向运动。通过部门间或不同单位间的调动而积累个人的技能和经历,发展潜力,为进一步精通某一专业、提升更高岗位打下较宽广的基础,其地位和报酬与原来的工作大致相同,但承担了新的责任。例如,由市场营销部门转到人力资源部门等。施恩认为,这些人沿着一种职能或技术维度移动,描绘了他们的特长或才干和技能的结合。那些很早进入一种专门领域,在那儿待下去的人相对很少沿着这种维度移动,而另一些不断地转换区域的人,则会沿着这种维度流动多次。

在新的组织环境中,由于上升的空间受到限制,雇员们更加频繁地在组织的不同部门间、不同组织和不同专业间流动,流动模式更加多样化,不稳定的因素也越来越多。一份调查结果显示:在找到第一份工作后,50%的高校学生选择在一年内更换工作,两年内高校学生的流失率接近75%,3%的高校学生"先就业后择业",第一份工作仅仅是由学校过渡到社会的跳板。而随着职业变动频率的增加以及流动方式的变化,终身依附一个组织的固定职业不断削减,独立的、不依赖于任何组织的自由职业不断产生。例如,个人培训师、咨询顾问、个体医生、家教等。知识性和服务性职业所涉及的活动是很难像传统的工厂和办公室的工作那样职责界定明确的。

(三)中心运动形式

中心运动形式是通过赋予员工更大的权利和责任而向权力中心运动的形式。员工虽然没有改变岗位,甚至经济待遇也没有改变,但赋予工作更多的权利和责任,增加了工作的挑战性,员工掌握更多的资源,有更多的决策权、更高的工作意义、更强的成就感。一般来说,按等级向上的运动与进入核心的中心运动多少是相关的。不过,一个人完全有可能停留在一个给定等级上,由于他或她拥有经验而更接近核心,被包容,受到更多的信任。也有可能向上移动,仍置身外围的,恰如常言所说的"明升暗降",也可以说这是另一形式的横向运动,对于许多无法再往上升的人来说,这种成长仍有可能,并且具有非同一般的意义。

传统的职业生涯成功的标准是沿着金字塔式的组织结构向上爬,担任更高的职位,承担更多的责任,获得更多的物质财富。但是人们越来越感到这种职业生涯目标的实现,不仅受个人自身努力的影响,还受到组织发展的制约。为了应对激烈的竞争,组织常常采用结构扁平化和降低劳动力成本的策略,致使组织能够提供给雇员的实现职业成功的资源越来越少。很多人过早地进入了职业高原区而无法向上升迁,这给越来越多的人带来了职业上的挫败感,加大了人们的职业压力。在这种情况下,职场上成长起来的新一代,对职业成功的标准有了很大的改变,他们更多地强调职业生涯的目标是心理成就感,对地位并不十分看重,但希望工作丰富化,具有灵活性,并渴望从工作中获得乐趣。与传统职业生涯目标相比,心理成就感更大程度上由自我主观感觉认定,而不仅仅指组织对个人如晋升、加薪等的认可。这些因素使得中心运动的方式逐渐增多。

三、职业生涯目标的分解

在职业生涯总目标确定以后,如何将长远的总目标加以细化和落实,这就需要对目标进行分解。职业生涯的实现可以用一系列的阶段来表示。为了顺利进入每一个新阶段,应根据新阶段的特点制定分目标。目标分解就是根据观念、知识、能力差距,将职业生涯长期的远大目标分解为有时间规定的长、中、短期分目标,直至将目标分解为某确定日期可以采取的具体步骤。

实现一个远大的目标很少能够一气呵成,必须分解成若干个易于达到的阶段性目标。目标分解是将目标清晰化、具体化的过程,是将目标量化成可操作的实施方案的有效手段。目标分解能帮助我们在现实环境和美好愿望之间建立起可以拾级而上的途径。目标分解从最远、最高的目标开始,一直分解到最近的目标。在现实中,我们做事之所以会半途而废,其中的原因,往往不是因为其难度较大,而是觉得成功离我们较远,确切地说,我们不是因为失败而放弃,而是因为倦怠而失败。

职业生涯目标的实现不可能一蹴而就，需要将目标分解实施。目标分解的两种，按时间分解和按性质分解。

(一)按时间分解

个人职业目标，按时间可以分为短期目标、中期目标、长期目标和人生目标。一般来说，短期目标服从和服务于中期目标，中期目标服从和服务于长期目标，长期目标服从和服务于人生目标。具体实施目标，通常是从具体的、短期的目标开始的。当然，在确定人生目标和长期目标时，要多考虑一些自身因素和社会因素，而确定中期目标和短期目标时，则要更多地考虑工作环境因素。通过确定个人的长、中、短期目标，就形成了完整的个人目标体系。

1.短期目标

短期目标一般为两年以内的规划，主要是确定近期目标，规划近期完成的任务，如对专业知识的学习，两年内掌握哪些业务知识等。其主要特征有：

①叙述清晰、明确；

②对于本人具有意义，与自我价值观和中长期目标一致，有可能暂时不能完全满足自己的兴趣要求，但可"以迂为直"；

③切合实际，并非幻想；

④有明确的具体完成时间；

⑤有明确的努力方向，通过努力能达到适合环境需要的能力，实现起来完全有把握；

⑥目标精炼。

2.中期规划

中期目标一般为2～5年的目标与任务。如规划到不同业务部门做经理，规划从大型公司部门经理到小公司做总经理等。其主要特征有：

①结合自己的志愿、组织的环境及要求制定的，与长期目标相一致；

②基本符合自己的兴趣、价值观，使人充满信心，且愿意公之于众；

③切合实际，并且未来的发展有所创新，有一定的挑战性；

④能用明确的语言定量与定性说明；

⑤有比较明确的执行时间,根据外部环境变化可做适当的调整;
⑥可以发挥自己的能动性,实现的可能性非常大。

3. 长期目标

长期目标一般为 5～10 年的规划,主要设定较长远的目标,如规划 30 岁时成为一家中型公司的部门经理,规划 40 岁时成为一家大型公司副总经理等。其主要特征有:

①自己认真选择的,和组织、社会的发展需求相结合;
②很符合自己的兴趣、价值观,能为自己的选择感到骄傲;
③能用明确的语言定性说明;
④有实现的可能,并有更大的挑战性;
⑤与志向相吻合,能够立志通过努力实现理想;
⑥与人生目标相融为一,指导自己为创造美好未来坚持不懈。

4. 人生目标

人生目标是整个职业生涯的规划,时间长达 40 年左右,设定整个人生的发展目标,如规划成为一个有数亿资产的公司董事。

(二)按性质分解

个人职业目标按性质可以分为外职业生涯目标和内职业生涯目标。

1. 外职业生涯目标

外职业生涯是从事职业时的工作单位、工作地点、工作内容、工作职务、工作环境、工资待遇等因素的组合及其变化过程。外职业生涯的构成因素通常是由别人给予的,也容易被别人收回。外职业生涯因素的取得往往与自己的付出不符,尤其是在职业生涯初期。有的人一生疲于追求外职业生涯的成功,但内心极为痛苦,因为他们往往不了解,外职业生涯发展是以内职业发展为基础的。

①工作内容目标。在现实生活中,能够爬到高层职位的毕竟是少数。位置越高,留给我们可以选择的机会也就越少,而且,能不能晋升,很大程度上并不取决于我们自己。所以,不要只盯着职务目标的晋升,而应该把外职业生涯目标规划的重心移到工作内容目标上来。

②工作地点目标和工作环境目标。如果个人对工作地点和工作环境

有特殊要求就要在规划中列出这两项内容。

③经济收入目标。我们从事一项工作,获得经济收入是一大目的,毕竟我们谁也离不开生存的物质基础。在职业生涯规划中列入收入期望无可非议。但是要注意的是切合实际和自己的能力素质,然后大胆地规划一个具体的数目,不要含糊不清,或者压根就敢写。

④职务目标。职务目标应当具体明确。

2. 内职业生涯目标

内职业生涯是从事一项职业时所具备的知识、观念、心理素质、能力、内心感受等因素的组合及其变化过程,内职业生涯各项因素要靠自己的主观努力才能实现,别人帮助只是一个助力。而且,内职业生涯的构成因素一旦取得,就成为别人拿不走、收不回的个人财富。内职业生涯的发展是外职业生涯发展的前提,内职业生涯发展了,外职业生涯自然会提升。因此,我们应当充分重视内职业生涯的发展,认清它在个人职业生涯乃至整个人生发展中的关键性作用。在职业生涯的各个阶段,我们都应该重视内职业生涯的发展。尤其是在职业生涯早期和中前期,我们一定要把对内职业生涯各因素的追求看得比外职业生涯更重要。

(1) 工作能力目标

工作能力是对处理职业生涯中各种工作问题的能力的统称,如策划能力、管理能力、研究创新能力、与领导无障碍沟通的能力、与同事协调合作的能力等。

职业生涯发展并非一个直线上升的过程,简单地把职业生涯发展定义于职务和职称的晋升只能让自己堕入心灵煎熬的痛苦中。衡量一个人的职业生涯成功与否,不在于他是否赚到很多钱、当上很大的官这些外在表征,而在于他在工作的过程中,是否创造完成了富有实际意义的成绩。很多时候,一个人的职业生涯发展是个横向伸展的过程,也可能是工作内容范围的扩大,也可能是专业领域的进深,这都需要我们不断地提高个人的工作能力,否则,其职业生涯将真的会停滞不前。

从另一个角度来说,必要的工作能力积累是达到职务目标和收入目标的前提。所以,我们在制定个人职业生涯规划时,工作能力目标应当优先于职务目标。职务能否获得晋升,很大程度上取决于我们自己,但在工作中能否增长知识、提高能力、提高工作效率却是我们可以独立把握的。现在,一些组织的管理者在人事管理中,已经把工作能力提高作为改善员工待遇的重要指标。工作能力目标应当切合实际,具有挑战性,并与该阶段的职务职称目标所要求具备的条件相应。

(2)提高心理素质目标

心理素质在当今社会越来越受到人们的重视,在职业生涯途中,有人成功达到目标,有人半空而坠,区别其实不在机遇和外部条件,每个人在职业生涯发展过程中都会遇到这样那样的困难,只有心理素质合格的人才能正视现实,努力去克服困难,冲向卓越,而心理素质差的人只会怨天尤人、自暴自弃。为了个人的职业生涯规划蓝图能够化为现实,千万别忘记要不断提高自己的心理素质。提高心理素质目标包括经受挫折、包容他议,也包括在暂时的成功面前保持清醒冷静。

(3)观念目标

观念是对人对事的态度、价值观。留意过吗?今天是个强调观念的社会,外面各种各样的新观念层出不穷,我们能跟上吗?认同吗?很多跨国大企业甚至形成了自己的观念文化,这些观念影响着我们的行动,也影响着组织、领导、同事、客户对我们的态度。随时更新自己的观念,让自己总是站在前沿地带,也是我们规划个人职业生涯的重要一步。

制定外职业生涯目标与内职业生涯目标是同时进行的,两者是相辅相成、相互促进的,内职业生涯目标的发展可以推动外职业生涯目标的发展,而外职业生涯目标的实现又可以促进内职业生涯目标的实现。

(4)工作成果目标

在很多组织里,工作成果都是进行绩效考核的一个重要指标,扎实的工作成果带给我们极大的荣誉感和成就感,也铺砌了通往晋升之途的阶梯。

四、职业生涯目标的组合

目标组合是处理不同目标相互关系的有效措施。如果只看到目标之间的排斥性,就只能在不同目标之间做出排他性选择;而如果能看到目标之间的因果关系与互补性,就能够积极进行不同目标的组合。目标组合有三种方法:时间组合、功能组合和全方位组合。

(一)时间组合

职业生涯目标在时间上的组合可以分为并进和连续两种情况。

1. 并进

所谓职业生涯目标的并进,指同时着手实现两个平行的工作目标或建立和实现与目前工作内容不相关的预备职业生涯目标。有时候,外部环境给予我们的机会很多,这让我们面临多个选择,于是会出现两个或多个不同方向的职业生涯目标。只要处理得好,在一定时期内,是可以做到鱼与熊掌兼得的,当然,前提条件是有足够的精力和能力来应对,对普通年轻人,仍然应该在一段时间内只确定一个大目标。

这里所说的"同时着手实现两个平行的工作目标"是短期内进行的不同性质的工作,一般多为中、高级管理层承担"双肩挑"的情况。

而建立和实现与目前工作内容不相关的预备职业生涯目标,多发生在中、青年人身上,意在居安思危、未雨绸缪。例如,学校团支部书记为了今后获得更大的发展空间,在做好本职工作的同时,进修 MBA 课程。并进的目标有利于我们开启潜能,在同样的时间内迎接更大的挑战,浓缩生命,发挥更大的价值。

2. 连续

连续是用时间坐标做纽结,将各个目标前后连接起来,实现一个目标再进行下一个。一般来说,较短期的目标是实现较长期目标的支持条件。目标的期限性是相对的,随着时间的推移,长期目标成为中期目标,中期目标成为短期目标,短期目标成为近期目标。只有完成好每一个近期目标和短期目标,最终目标才有可能实现。

职业生涯目标分为最终目标和阶段目标(长期目标、中期目标、短期目标、近期目标),各个阶段目标的设定大体与最终目标一致,并互相关联。这里应该明确,阶段目标是在一段特定的时间内要达到的结果。如果将职业生涯的阶段目标转变为职业生涯最终目标,只需将各个阶段目标连接起来,加上一个时间表,再加上一个衡量目标达成结果的评估方式即可。

(二)功能组合

很多职业生涯目标在功能上存在着因果关系或互补关系。

1.因果关系

有些目标之间存在着明显的因果关系,如前面提到的工作能力目标与职务目标和收入目标,前者是因,后者为果,表现为:工作能力提高—职务提升—收入增加。通常情况下,内职业生涯目标是原因,外职业生涯目标是结果。

2.互补关系

一名管理人员希望在成为一名优秀的进口部经理的同时取得MBA证书,这两个目标之间存在着直接的互补作用。实际管理可以为MBA学习提供实践的经验体会,而MBA学习又为实际的理论学习提供理论支持和方法指导。同样地,高校教师往往同时肩负着基础教学和科研两项任务,基础教学为进行科研工作提供了理论基础和方法指导,科研实践又促进了教学内容的丰富更新和质量的提高。

(三)全方位组合

全方位组合已超越出职业的范畴,它涵盖了人生的全部活动。全方位组合指职业生涯、家庭和个人事务的均衡发展,相互促进。事业不是生活的全部,任何一个人都不能离开家庭和休闲娱乐,完美的职业生涯规划不应把生活中的其他内容排斥在外。目标组合可以超越狭隘的职业生涯范围,将全部的人生活动联系、协调起来。

参考文献

[1] 陈磊. 高校学生职业发展教育[M]. 重庆:重庆大学出版社,2018.

[2] 褚芝鹏. 关于应用型本科高校学生职业素养问题的探讨[J]. 教育进展,2023(11):9032－9036.

[3] 崔佳烨. 高校学前教育专业学生职业素养提升路径研究[J]. 中文科技期刊数据库(引文版)教育科学,2023(7):34－37.

[4] 范世伟,徐同烁. 应用型本科高校培育高校学生职业素养的路径研究[J]. 文教资料,2022(11):188－191.

[5] 管小青. 职业素养入门与提升[M]. 北京:电子工业出版社,2021.

[6] 雷丽丽. 师德教育视角下高校学前教育专业学生职业素养提升路径[J]. 成才,2023(20):102－103.

[7] 雷萌. 生态文明教育在高校学生职业素养培养中的应用[J]. 环境工程,2023(7):341.

[8] 李帅. 校企合作背景下高校学生隐性职业素养培养方式[J]. 新晋商,2022(11):144－146.

[9] 李垚. 职业本科高校汽修类学生创新型职业素养培育模式探索[J]. 时代汽车,2023(7):74－76.

[10] 秦昕昕. 高校培养高校学生职业素养的必要性和实施途径[J]. 新教育时代电子杂志(教师版),2022(14):64－66.

[11] 邵弯. 民办高校学生职业素养培养路径研究[J]. 就业与保障,2022(3):148－150.

[12] 时如义. 高校学生职业素养多维度考核模式探索[J]. 优格,2022(9):52－54.

[13] 史耀忠. 职业素养教育的探索与实践[M]. 北京:北京理工大学出版社,2018.

[14]王臣.论高校思政教学与高校学生职业素养培育工作的融合[J].中文科技期刊数据库(全文版)教育科学,2023(5):1-3.

[15]王洪剑.企业文化融入高校学生职业素养的路径研究[J].销售与管理,2022(9):3-5.

[16]王晶,张煜,梁玉.基于课程思政的成人高校学生职业素养教育路径探究[J].北京宣武红旗业余大学学报,2022(2):38-43.

[17]王月霄.基于高校学生职业素养培育的高校生涯教育课程体系构建的研究[J].公关世界,2022(12):100-101.

[18]武兵.新时代应用型本科高校学生职业素养教育研究[J].德州学院学报,2022(6):87-92.

[19]谢全玉.论高校思政教学与高校学生职业素养培育工作的融合[J].世纪之星(交流版),2022(18):49-51.

[20]熊芳.高校学前教育专业学生职业素养提升路径[J].中文科技期刊数据库(引文版)教育科学,2022(6):152-155.

[21]杨珂,王安东,冯广余.高校学生的职业素养与就业竞争力[M].北京:光明日报出版社,2021.

[22]杨玲.高校学生职业素养教育与提升[M].北京:北京工业大学出版社,2022.

[23]于子洋.高校学生创新创业职业素养的培养体系构建[J].知识经济,2022(21):172-174.

[24]张海霞,包庆芳,李启苹.碎片化阅读时代高校图书馆学生馆员职业素养养成分析[J].办公室业务,2023(17):168-170.

[25]张敏.基于就业导向的应用型高校学生职业素养培育探索[J].人才资源开发,2023(8):27-29.

[26]张艳莉."互联网+"时代背景下应用型高校学生职业核心素养现状[J].新教育时代电子杂志(教师版),2022(42):178-180.

[27]赵凯,蒋莹.新时期高校学生职业素养教育提升策略研究[J].新教育时代电子杂志(教师版),2021(11):131.

[28]周丽.AI背景下提升民办高校审计专业学生职业素养的路径[J].中文科技期刊数据库(全文版)教育科学,2023(7):105-107.